员工心法

合格员工的修炼之路

刘兆阳 著

地震出版社
Seismological Press

图书在版编目（CIP）数据

员工心法：合格员工的修炼之路 / 刘兆阳著 . —
北京：地震出版社，2022.1
ISBN 978-7-5028-5287-0

Ⅰ．①员… Ⅱ．①刘… Ⅲ．①企业－职工－修养
Ⅳ．① F272.92

中国版本图书馆 CIP 数据核字 (2021) 第 231163 号

地震版 XM4813/F (6058)

员工心法：合格员工的修炼之路

刘兆阳 著
责任编辑：李肖寅
责任校对：鄂真妮

出版发行：**地震出版社**
　　　　　北京市海淀区民族大学南路 9 号　　邮编：100081
　　　　　发行部：68423031　68467991　　传真：68467991
　　　　　总编室：68462709　68423029
　　　　　编辑四部：68467963
　　　　　E-mail：seis@mailbox.rol.cn.net
　　　　　http://seismologicalpress.com

经销：全国各地新华书店
印刷：三河市九洲财鑫印刷有限公司

版（印）次：2022 年 1 月第一版　　2022 年 1 月第一次印刷
开本：710×1000　　1/16
字数：249 千字
印张：13
书号：ISBN 978-7-5028-5287-0
定价：52.00 元

版权所有　翻印必究
（图书出现印装问题，本社负责调换）

序　言

2020年是一个很特殊的年头。年初的新冠疫情，极大地改变了几乎所有中国人的工作和生活。在最特殊的几个月里，员工和企业上演了一幕幕或感人，或纠结，或无情的剧目。每个企业都重新审视了一下自己的员工，每个员工都重新审视了一下自己的价值，当然也都更清醒地发现了自身的问题。

万幸的是，党和国家在紧要关头，大智大勇，力挽狂澜，遏制了疫情的发展。从现在的世界疫情发展情况来看，我们是何等的幸运。

生活还要继续，工作还要继续。我们的企业在自救，我们的员工也在自救。国家的经济虽然遭受了很大的损失，但是我们依然傲然挺立在世界的东方。我们从没有像现在这样骄傲和自豪，因为我们是中国人，我们是员工，我们创造了很多的奇迹。

年终岁末，欣然接到编辑的来电，告知本书第一版已经售罄，问我愿不愿意出第二版。我当然是求之不得。

我已接近知天命之年。按理说，四十不惑，五十知天命。但是很多人在四十岁时依然非常迷惑，甚至还在随波逐流；五十岁时更是走上了职业生涯的下坡路。这个年龄段的人彷徨焦虑，哪里还有闲情逸致去讨论天命？

可是，我恰恰想跟各位读者说，营销里面有一个定位理论：没定位，就没地位。那么，我们的人生，或者说职业生涯，更是如此：没定位，没未来。绝大多数人不知道自己要做什么，只是为了工作而工作，为了赚钱而赚钱，没方向，没发展，更不快乐。每天忙忙碌碌，每天纠结痛苦。这，难道是我们要的生活吗？当然不是！

那么，我们要怎么做呢？疫情期间，在家读书思考，想出来一个"三和理论"。因为我在2017年到2019年有幸协助客户，与故宫博物院有过合作。几十年没去过的故宫，一下子去了几十次。故宫的三大殿是太和殿、中和殿、保和殿。

那么，全中国最重要的建筑，为什么都有一个"和"字呢？可能与我们的传统文化有关，我们的传统文化讲究的就是中和之道。那么，我们的人生，我们的职场，是不是也应该追求"和"呢？

我们设想自己身处于"三环"中，内圈是我们自己和家庭（保和），中圈是企业（中和），外圈是社会（太和）。如果我们不能和企业和谐，企业不能和社会和谐，那么，我们绝对不会成功，也不会快乐。

我又引申了一下，我们全中国的亿万员工，都会追求如下三个目标：

Health: 健康

High Salary: 高薪

Happy: 快乐

这不也是"3H"吗？

因此，我再一次审视自己，审视自己的书，我突然发现自己成熟了。我无权去苛求别人，更无权对别人指手画脚，甚至质问大家：你们合格吗？

序言

因此，我深深地自责和反省。我认为，与其说教，不如引导。我们不是老板，我们仅仅是普通员工。在职场生涯中，请问哪一个人不希望自己健康、富足、快乐？谁不想拥有这样的人生？

对我们来说，关键是：如何做？

其实，还是那句话：思想决定态度，态度决定行为，行为决定命运。我还是坚持，员工思想，是每一位领导者，每一家企业，都需要重点关注的！

现在的社会，繁花渐欲迷人眼，各种思想，各种所谓的亚文化，充斥着大街小巷，充斥着微信、抖音。我们从没有像今天这样，能得到如此丰富的知识和信息，也从没有如此的迷茫和彷徨：我心如何安放？哪里找到人生的方向？

因此，我们的企业，需要提炼出一种思想，一种精神，一种文化，让员工的职场之路走得更顺畅，更持久。

关于员工思想，我认同"一时劝人以口，百世劝人以书"，所以写作了此书，希望可以帮到读者朋友。

同时我们每一位读者，都有资格，有责任，有权利，甚至有义务，教导我们身边的员工，影响年青一代的员工，让他们用正能量去工作和生活，守法——达礼——行善——智慧——明道；让更多的人过上快乐、幸福、健康、富足的生活；让更多的企业受益。

引子　员工到底怎么了 / 001

时代在变，企业在变，员工也在变！很多员工，变得不能吃苦，不求进步，不负责任。企业老板、管理人员纷纷感叹，现在的员工怎么这么难管？任何进步，都是从承认错误开始的。让我们正视问题，为员工寻求一条改变之路。

第一章　员工的"十大思想疾病" / 007

人吃五谷杂粮，身体哪能不生病？人有七情六欲，思想哪能不生病？身体疾病好治，思想疾病难医！明知山有虎，偏向虎山行！欲知员工的思想疾病到底有哪些，且听我道来！

第一节　假：假面具戴久了，就会失去真实的自己 / 008

第二节　混：当一天和尚撞一天钟 / 012

第三节　懒：懒惰，人的天性 / 016

第四节　私：人不为己，天诛地灭 / 020

第五节　拖：与生俱来的行为顽症 / 023

第六节　耍：把工作当儿戏，赔了自己的前途 / 026

第七节　傲：孤芳自赏，目中无人 / 029

第八节　斗：有人的地方就有纷争 / 032

第九节　滑：有利益冲锋在前，遇困难逃避退让 / 035

第十节　贪：贪小便宜吃大亏 / 038

第二章　离苦得乐，找寻人生与工作的价值 / 043

我们的钱挣得越来越多，可我们的幸福感越来越低；我们的应酬越来越多，可我们的朋友越来越少；我们的职位越来越高，可我们的心情越来越坏；我们的物质越来越丰富，可我们的精神越来越贫乏；我们白天光鲜亮丽，夜晚内心挣扎。

我们在工作和生活中苦苦挣扎。如何在这短暂的一生中找到人生的价值？如何找到生活和工作的快乐？每一个人都想找到这些问题的答案！

第一节　人生的意义：弃恶从善，找寻真我 / 044

第二节　善恶在于一心 / 048

第三节　人性善恶循环圈 / 051

第四节　工作就是修行 / 054

第五节　人生和工作的产物：快乐和幸福 / 056

第三章　思想，合格员工的"一个核心" / 059

思想虚无缥缈，看不见，抓不到！它又是那样的真实，就在我们的脑海里，时时陪伴你我！

人因为思想，在自然界里成为最伟大的动物！人因为思想，创造了数千年的历史和文明！人因为思想，改造了自我，更改造了世界！人因为思想，让财富变得黯然失色！人因为思想，让庸俗的生活变得逐步高尚！人因为思想，让生命得到永恒！人因为思想，让整个世界变得明亮！

因为思想，每一个普通员工，将得到提升自我的力量！

第一节　你想成为什么样的人，便会成为什么样的人 / 060

第二节　人的全部尊严就在于思想 / 061

第三节　员工的思想，源于企业的规律 / 063

第四节　思想是一面镜子，映照善与恶 / 065

第五节　合格员工的思想要求：断恶修善，追求至善 / 068

第四章　健康与精神：合格员工的"两个关键点" / 071

思想要飞翔，需要两只翅膀，缺一不可。这两只翅膀，就是身心健康和职业精神。身体健康，心理健康，是合格员工应具备的最基本的条件。在这个基础上，培养职业化的意识、素养、道德和技能，更是一个合格员工的必备条件。

让我们展开隐形的翅膀，关注自己的健康与精神，向着合格员工的目标飞翔！

第一节　身心健康：健康是1，其他一切都是0 / 072

第二节　职业精神，员工普遍缺乏的东西 / 082

第五章　合格员工要翻越的"三座大山" / 087

我们要成为合格的员工，就要翻越"三座大山"！"三座大山"即为什么工作？为什么在你服务的企业工作？为什么要在你服务的企业努力工作？

不翻越这"三座大山"，谈何合格？无限风光在险峰，让我们一起出发吧！

第一节　你为什么要工作 / 088

第二节　你为什么要在这家公司工作 / 092

第三节　你为什么要在这家公司努力工作 / 096

第六章　合格员工要渡过的"四条大河" / 099

"三座大山"已经被你踩在脚下，你已经在向合格员工的目标进发！敢问路在何方？路在脚下！做一个合格的员工，哪里有这么容易？"四条大河"横在你的眼前，波涛汹涌，巨浪滔天。就像唐僧取经要经历九九八十一难，你必须渡过这"四条大河"！

反省河、改过河、积善河、谦德河，一条比一条更大更深，更难渡过！来吧，员工朋友们，我们一起努力！

第一节　反省河：反躬自省，打造最和谐的职场环境 / 100
第二节　改过河：知耻后勇，改过就是改造命运 / 106
第三节　积善河：真心行善，做企业最需要的员工 / 113
第四节　谦德河：人低成王，谦德决定职场高度 / 119

第七章　成为合格员工，要"过五关" / 123

  东汉末年蜀国的名将关羽关云长是历朝历代供奉的"武圣"，他为了追随大哥刘备，不贪富贵荣华，不慕美女财帛，毅然决然千里走单骑，过五关斩六将，留下一段千古佳话！
  我们每一个员工，在走向合格员工之路上，一样要过五关斩六将！那这五关是哪五关呢？且看我详细表来！

第一节　忠诚关：成为合格员工的第一关 / 124
第二节　责任关：这是你的工作，你必须负责 / 132
第三节　敬业关：你凭什么拿高薪 / 135
第四节　执行关：没有执行力，妄谈竞争力 / 141
第五节　合作关：团队是你最有力的武器 / 147

第八章　成为合格员工，要"斩六将" / 153

  辛辛苦苦闯过五关，恭喜你，离成功已经不远了！但是，在走向合格员工的道路上，依然有六名敌将需要打败。他们张牙舞爪，阻挡了你的去路！
  怎么办？关云长手持青龙偃月刀，胯下千里神驹赤兔马，方才过五关斩六将。那么你要"斩六将"，也要有武器啊！现在赠你六把屠龙宝刀，送你一匹千里马，勇猛地杀向敌将吧！

第一节　用"阳光正面"之刀，斩"负面抱怨"之将 / 154

第二节 用"积极主动"之刀，斩"消极被动"之将 / 159

第三节 用"客观科学"之刀，斩"主观迷信"之将 / 165

第四节 用"包容理解"之刀，斩"钩心斗角"之将 / 171

第五节 用"认真仔细"之刀，斩"敷衍了事"之将 / 175

第六节 用"利他达人"之刀，斩"自私自利"之将 / 180

第九章 合格，是一种责任 / 185

> 合格，是一种要求；合格，是一种状态；合格，是一种目标；合格，更是一种责任！
> 为什么？因为有合格的员工，才有合格的企业，才有合格的产品，才有合格的服务，而企业才有资格生存，才有资格发展！
> 合格，才有资格！做合格员工，就是员工的责任！

第一节 企业的责任：凝聚人心，思想是最大的生产力 / 186

第二节 员工的责任：自我反省，做最合格的员工 / 190

第三节 我们的责任：重塑员工形象，赢得世界尊重 / 192

后 记 / 193

YUANGONGXINFA
HEGEYUANGONGDEXIULIANZHILU

引子
员工到底怎么了

时代在变，企业在变，员工也在变！很多员工，变得不能吃苦，不求进步，不负责任。企业老板、管理人员纷纷感叹，现在的员工怎么这么难管？任何进步，都是从承认错误开始的。让我们正视问题，为员工寻求一条改变之路。

现在的中国，经济腾飞，国力强大，是历史上最好的时期。我们应该感到万幸。但是，企业里的许多员工，其实很不专业，更不敬业。传统文化丢掉了，国外的职业精神也没学会，因此整体来看，问题很多。如果不引起重视，企业必将深受其害。

2020年的疫情，导致很多企业经营困难，更有不少的企业倒闭。我原来所就职的公司，就在2020年3月11日宣布永远关闭，近千名员工被迫离职。再看本书中，我7年前写的公司案例，可以说一语成谶。我内心的感受无法言表。

那么，到底是企业的责任，还是员工的问题？恐怕这是一个无解的难题。仅仅从结果来看，就是双输。很多四五十岁的员工，离开公司后，很难找到合适的工作。这不仅仅是因为年龄问题，更是因为大家在企业呆懒了，不习惯新环境了。但是，这是我们愿意看到的结果吗？当然不是。因此，我们与其怨天尤人，不如认真反思。但愿我能一语惊醒梦中人。但愿读到本书的人，能够及时警醒。

1. 正视：员工思想的现状

思想决定态度，态度决定行为，行为决定命运！思想这个词，看起来挺玄妙。其实，我们每天都在思想，每一个念头都是思想的表现，或者积极阳光，或者消极苦闷。起心动念，绵绵不断，我们无法控制。这可能就是因为普通人功力不够吧。

说到员工这个群体，全国起码有7亿员工。大家都在职场，虽然行业不同，企业不同，职位不同，收入不同，但是立场相同，身份相同，角色相同，也就是思想大致相同了。

这也就是本书所说的"员工思想"。恰恰因为它有普遍性，所以对每个人，每个企业，甚至于国家社会，都有一定的影响，也成了本书成书的机缘。我冒昧地讨论了一下员工思想这个话题，觉得有其必要性，当然也算"抛砖引玉"了！

目前，许多企业的员工在思想上都有下列问题：

1. 挣多少钱都嫌少，干多少活都嫌多。
2. 毫无责任感，能推就推。
3. 毫无忠诚度，说跳槽就跳槽。
4. 有问题，先找理由或借口。
5. 毫无纪律，迟到早退乃家常便饭。
6. 绩效差，混日子，当一天和尚撞一天钟。
7. 做事敷衍，凡事都是"差不多"。
8. 毫无斗志和激情，不推不动，推也懒得动。
9. 内耗严重，传坏话，说八卦。
10. 巴结上级，欺压下级。

11. 爱占小便宜。

12. 吃拿卡要。

13. 收受好处。

14. 贪污受贿。

……

这些还不够让我们警醒吗？

2. 自检：企业有问题，归根到底是员工有问题

A企业是一家外资企业，福利待遇在当地已经算是非常好的了。每周都有双休，每年有十几天的带薪年假，加一个小时班都可以倒休。前几年，企业经济效益不错，大家优哉游哉，可以尽情享受幸福生活。谁知道后来企业销售额大幅下滑，开始出现亏损。怎么办？老板很着急，可是看看那些年薪几十万的高管，照样混日子，该享受享受，下班照样去娱乐，丝毫看不到任何紧迫感。

私下一打听：这些人已经与猎头公司取得联系。拿这样高薪的高管，按理说素质应该很高了吧？却一点责任心和忠诚度都没有。"良禽择木而栖，良臣择主而事。跳槽是正常现象。人才嘛，自然流动，很正常。"这样的一句话，竟然是这家公司的人力资源总监说的。

可怕吧？老板听了该多伤心啊。问题是：这种所谓的人才，在老板面前其实比谁都毕恭毕敬，甚至当面大唱赞歌。这些可都是号称从国外回来的MBA（工商管理硕士）啊。就这素质，让下面的员工怎么看？

这家企业，为什么销售额大幅度下滑？就是因为销售部门集体捞钱。大家八仙过海，各显其能。能大把捞钱，谁还关注日常销售？工作，不过是变现的渠道罢了。此刻，外国老板清醒了，换了领导，但企业已然大受损失。

生产部的操作人员在夜晚值班期间，没有尽到职责，而是睡大觉，任由机器设备运转，美其名曰：我们的设备自动化程度高，不需要太费心。结果出了好几次问题。维修部的人员每周的前五天都不好好干活，拖拖拉拉，该修理的不及时修理，非要等到周六日加班，好挣加班费。每个月的加班费快要比工资多了，最后加班费竟然成了班组领导给予员工的红包。至于采购部，"油水"就更大了。

也许你会说，这还不是因为这家企业管理有问题吗？

是的！没错。但不知道你看到没有，即便是这样，还是有正直敬业的员工，有不贪污的销售经理，有不混日子的主管。

企业有问题，归根到底还是因为部分高层领导行为不检点，没有给员工带好头。正所谓"吏不畏我严，而畏我廉；民不服我能，而服我公；公则明，廉则威"。同样身居要职，有的领导者公正廉明，有的领导者则吃拿卡要。这是人性的问题，更是一个人的人生选择问题。你选择什么样的价值观，就会有什么样的人生，任何时候均是如此。

3. 根源：员工三观不正

目前很多企业员工出现的问题大多是思想的问题，而本质上是个人价值观出现了问题。其实最可怕的不是出现问题，而是很多人内心的"唯物质论"。三观不正，这才是最大的问题。

如果一个员工内心没有对错是非之分，心中没有信仰，没有追求，没有人生目标，这样会带来什么结果呢？就是个人迷茫，企业受伤，社会受损，国家不利。这是一个多么大的问题啊！

长此以往，我们的企业和产业该如何发展？如何进步？这难道还不足以引起我们所有人的重视吗？

4. 反思：员工怎么办

那我们自己怎么办呢？我们必须从现在开始改变自己的思想。

10年前，我也曾经非常困惑、迷茫，甚至很痛苦；我也曾走投无路，甚至一度出现抑郁情绪。但后来一段机缘，让我接触了《了凡四训》，让我明白了人生的道理，我终于走了出来。

因为我明白了，这是每个人都要面临的人生选择的问题。人有选择的权利，但是，选择不对，必将贻害终生。每一位员工都应该明白："积善之家必有余庆，积不善之家必有余殃"。老天是公平的，希望大家能够理解我的一番苦心，因为苦口的，不一定是良药，但逆耳的，必是忠言。

世界知名企业的员工依靠的是数百年建立起来的职业化道德，依靠的是信用；古代的中国人，依靠的是仁、义、礼、智、信；解放后的中国人依靠的是精神和信仰。所以，在二十世纪五六十年代，我们身边出现了大庆"铁人"王进喜，掏粪工时传祥等一大批优秀员工。

可是现在很多人还处于迷茫状态，没有找到人生的奋斗目标，缺乏责任感，因此在企业里过一天算一天。长期如此，我们的企业将如何生存发展？如何与国外的企业竞争？我们的员工将如何赡养父母？我们将如何正确教育我们的后代？

5. 对策：认识问题，才能解决问题

上面的例子可能有一点特殊。但扪心自问，在你所就职过的任何一家企业里，你做到问心无愧了吗？你能保证自己没有这样或那样的缺点或错误吗？

任何进步，都是从承认错误开始的。你只有认识到自己确实存在错误和不足，并发自真心地检讨自己，才能改造自己，才能完善自己，才能不断进步。

YUANGONGXINFA
HEGEYUANGONGDEXIULIANZHILU 1

第一章
员工的"十大思想疾病"

人吃五谷杂粮，身体哪能不生病？人有七情六欲，思想哪能不生病？身体疾病好治，思想疾病难医！明知山有虎，偏向虎山行！欲知员工的思想疾病到底有哪些，且听我道来！

第一节
假：假面具戴久了，就会失去真实的自己

1. 病症

假，就是不真实。"假作真时真亦假，真作假时假亦真。"很多人平时说假话，办假事，假模假样，虚情假意，弄虚作假，最后连自己都不知道自己说的和做的是真是假了。

逢迎领导，是假吧？欺骗下级，是假吧？忽悠客户，是假吧？编造数据，是假吧？以次充好，是假吧？假冒伪劣，更是假吧？

尤其是有些销售人员，张嘴就假话连篇，说到最后，自己都被自己洗脑了，自己都不知道是真是假了。可悲吧？

企业员工中的"假"具体表现在：

上班迟到，明明是自己起晚了，张嘴就说：堵车，公交车坏了，地铁出事了……

上班开会，打哈欠，领导问：你怎么回事？答曰：昨天晚上我写报告了。实际上是打了一宿游戏，泡了半夜的酒吧……

貌似埋头工作，其实正事没干，不是看朋友圈，就是刷抖音，要不就是看股票。总之就是不干活，反正领导也无法查证。

老板发火，明明自己有错，张口就说：这事我不清楚，是某某干的，不怨我……

客户打来电话，明明有时间，但自己懒得动，张口就说：我很忙，等会儿给你回过去……

总部检查，大家集体作假：布置销售卖场，找托，报假的数字……

看着在那里加班，实际上在网上看电影，逛淘宝，开网店……

当然，我也经常这样……

2. 病因

很多企业的员工刚刚出校门，本来满怀热情，仗义执言，没想到在职场中一次次被打击，一次次碰壁，然后渐渐学"乖"了，学精了，知道保护自己了，知道用假话装模作样地玩"成熟"了。这是员工的问题，更是企业的问题。

3. 病例

小赵，大学毕业后进了一家国企，众人羡慕。万万没想到，一年多后被迫辞职。怎么回事呢？原来小赵在大学里是学生干部，多才多艺。进入企业后，被分配在销售信息部。本来挺好的一个差事，但他平时总是看见什么就说什么，还爱给领导提意见。可是，这家企业从上到下都习惯了逢迎领导，谁敢说真话？小赵这下可是犯了大忌。他是新人，没背景没靠山。最初领导看他不顺眼时，同事们心里同情，但谁也不敢说。更糟糕的是，小赵浑然不觉，在统计销售数字时，经常大喊着："这数字不对啊，不能这样啊……"一下子把大家也坑了。如此一来，同事们也不再同情他了。同事们都认为，销售数字不就是编吗？多少年都过来了，也没什么大问题。

小赵这一咋呼，大家的把戏被揭穿了，恼羞成怒，于是群起而攻之。小赵一下子被彻底孤立，之后处处碰壁，处处遭白眼。这还怎么混？一气之下，小赵辞职去北京打工了。大家又回到了从前优哉游哉的工作状态。小赵，就是一段故事而已。

4. 根源

说假话、做假事的根源，在于一个字：怕。怕老板，怕领导，怕不让升职，怕不给加薪，怕打击报复，怕遭到孤立。总之，只想自己，不想别人。这是典型的利己主义，从后文要说的善恶标准来看，是典型的恶。然而，我们每天都在作恶啊！很多人一开始说了假话，做了假事，还有点懊悔，甚至自责。后来慢慢就习惯了，开口就是假话，说瞎话脸都不红，还美其名曰：这是聪明，识时务者为俊杰。

5. 对策

有人可能会说，你站着说话不腰疼，你没说过假话？我当然也说过一些假话。但是，对做假事者，我理解但不支持；对说假话者那种忐忑不安和尴尬，我同情但坚决反对。有时你可能迫不得已，只能说假话。对此有没有什么办法呢？当然有办法！什么办法？用自己的智慧！

俗话说：良药苦口利于病，忠言逆耳利于行。可是现在很多良药，或者说绝大多数良药，都不苦了。那么，忠言为什么不能"不逆耳"呢？历史上，痛批龙颜者大多没有好结果，但依然有东方朔、纪晓岚这样有智慧的人物，既劝了皇上，又保全了自己。可见，说真话这种事情是需要技巧的。什么技巧？就是用智慧，将真话以别人乐意接受的方式说出来。

我敢肯定，绝大多数的人都是善良的，并不想刻意说假话。有的人之所以说假话，是为了保全自己，是为了适应环境，美其名曰职场生存智慧。但这不是真正的智慧，这是小聪明。真正的智慧是：既说真话，又不得罪人。可参考四字箴言：外柔内刚，或者外圆内方。

第二节
混：当一天和尚撞一天钟

1. 病症

混，就是不干正事，混日子。很多员工，每天上班就是混时间，消磨时光，工作好像成了附属品。具体表现摘录几条：

人生没有目标，整天浑浑噩噩。

工作无精打采，一天到晚昏昏沉沉。

做一天和尚，都懒得撞钟。

遇到工作能推就推，实在不行就凑合。

工作绩效差，领导追问，满嘴借口。

工作时间不积极主动，下了班就打牌喝酒。

一杯茶水一根烟，电脑新闻看半天。

聊微信，刷抖音，私人电话接不停。

每天唉声叹气，不知所以。

……

2. 病因

混日子，主要原因是没有人生目标。有的人没有清晰的人生方向和职业规划，工作只为生存，为混口饭吃。混日子的员工，在年龄上两头居多。50多岁了，没发展了，想明白了，索性混日子，等退休。这似乎说得过去。但很多年轻人竟然也在混日子。问他们对未来有何规划。答：毫无理想，对人生一片茫然，对工作没有规划，不知道自己内心要的是什么。这样的人，工作肯定没有激情。

所以，凡是混日子的员工，基本上都是没有人生理想，没有人生目标的人。

3. 病例

病例1：小钱，女，毕业一年多，家在农村，大学毕业后进入一家私企，做客服工作。工作本身并不辛苦，一个月4000元工资，在这个三线城市不多也不少。但是她好像做什么都没有精神。领导有时候批评她，稍微说重一点，就哭了，弄得领导也束手无策。公司眼下也缺人，领导考虑到小钱做得也不是很差，算了，先留下吧。领导问小钱："你几年后想做什么？"小钱瞪着迷茫的大眼睛，很认真地说："不知道。"领导又问："你难道没有职业目标？"她又迷茫地说："没有。"典型的没有梦想没有追求的人。

病例2：小孙，女，30多岁，老公是一家大企业的高管，薪水丰厚，家里有房有车，衣食无忧。小孙在一家企业的市场部工作，典型的胸无大志型员工。人是好人，也有能力，本来挺有激情，谁知领导和她性格不合，不重用她。于是小孙每天态度消极，唉声叹气，最后成了给活儿就做，不给就不做，每天上上网，玩玩游戏。也曾有人劝她，趁年轻学点什么，谁知她竟说："唉，我就这样了，也没有什么大的追求，再干几年就退休啦。"

病例3：某高管，年薪几十万，国外留过学，MBA，满口英文，风流潇洒，在创新方面被公司寄予厚望。谁知却徒有其表，只知道老板要什么给什么，从不创新。此君的PPT做得非常漂亮，简直可以说是炫目，但一做具体工作就傻了眼。大家看在眼里，急在心中。而且这位先生只知道逢迎老板，下级提出什么新想法，根本不认真听取，就是糊弄一下。下级发现跟着他没什么发展，于是纷纷离职。

4. 根源

上面的几个病例很有典型性。

小钱岁数小，刚毕业，没有人生方向和目标，需要老师和领导多加引导。

小孙，女同志，对生活要求不高，没有什么职业野心。看似没什么问题，实际上却不对。毕竟拿着企业的工资，混日子就是对不起企业。

最令人不解的就是那位高管，年薪几十万，竟然也混日子。这就不是一般的混了，这是极端的不负责任。而且，拿高薪混日子，对企业，对所有员工，都是极不公平的。

5. 对策

在工作中混日子，表面原因是没有人生目标和人生方向，没有清晰的职业生涯规划，但本质还是对自己的不负责任，对企业的不负责任。人生匆匆几十年，这样混，不就是对自己的人生不负责任吗？

这样的人，最需要的就是警醒。混日子，就是浑浑噩噩，说严重点就是行尸走肉。人和动物最大的区别是什么？是思想。流浪狗和流浪猫每天也要去找寻食物，是为了维持生命。它们不用考虑生命的价值和意义，只是本能而已。

所以，看到这里的员工朋友，如果你想混，或者你正在混，希望你警醒一下。人生很短暂，混日子，早晚会后悔。要知道，少壮不努力，老大徒伤悲。混日子的结果，就是被生活抛弃。

第三节
懒：懒惰，人的天性

1. 病症

懒，就是不勤奋，不用功，不努力。其实，懒惰是人的天性。我读过这样一句话："任何动物都有两个共同点：一个是求生，另一个就是懒惰。"的确，你看猫啊，狗啊，吃饱喝足，太阳底下一躺，多舒服啊。人其实也是一样，谁愿意起大早去赶公交车、挤地铁啊？谁愿意加班加点啊？谁不愿意不干活还拿钱啊？但是，在工作中不能这样，不仅因为老板给你工资，更因为勤奋工作应该是人的追求。

话是这样说，可是在企业中，我们绝大多数员工都不够努力。比如：

上班懒懒散散，没有激情。

做事不推不动，推也不动。

睡懒觉，爱迟到。

没目标，不勤奋。

手脚不勤快，工作不积极。

领导给出目标，总说我尽量。

思想懒惰，不动脑筋。

不爱学习，不求进步。

……

2. 病因

懒是常见病，多发病，就像感冒发烧。我在工作中也犯过懒。当然，说这话不是为了给大家开脱。既然这是人的天性，是人人都会犯的"常见病"，那么这个病因就是"思想体质"了。每个人都有懒惰思想，都会发病，就看"体质"好坏了。

3. 病例

小李，业务员，快 30 岁了，还是个一线业务员。此君平常就懒懒散散，整天提不起精神。但此懒人有好命，他所在区域的经销商实力很强，业绩连年增长，小李光待着也能拿不少奖金，这让其他业务员好生羡慕。领导曾多次说过他，让他勤快点，能升职就升职。谁知小李根本不思进取，不积极也不主动开拓业务，只是安于现状。几年以后，他的业务量无法增长，业绩下滑，奖金拿不到了，一个月只能挣 4000 元底薪，孩子都养不起。不知不觉 30 多岁了，小李很纠结：待下去，挣不到钱；跳槽，30 多岁了，还去当业务员？后来，他一拖再拖，连跳槽的机会都没有了。

4. 根源

懒的根源和混差不多，就是缺乏清晰的人生目标或者干脆就没有目标，哪怕是短时期的职场目标都没有。懒和混是孪生兄弟，是并发症。一般混日子的人都是懒人，思想懒惰，不思考人生，不思考生活，不思考工作。

懒人都得靠领导督促才去工作，不积极，不主动，不推不动。再往深层次想，懒就是对人生和工作的不负责任。

5. 对策

对待懒人，我要赠给他们一套训练操。大家应该听说过古代很有名的一套养生操，叫"五禽戏"，据说是名医华佗发明的，通过模仿五种动物的动作，达到养生的目的。我们的这套操叫作"五勤戏"，常常练习，就可以改掉懒惰的坏习惯。

（1）脑勤多想

人懒惰主要是思想懒惰，不想人生，不想工作。脑子如果懒了，身体不太可能勤快，因为大脑是人体的司令部。因此每天都要勤思考，多想。有人说，想那么多，不累坏啦？那我问你，爱因斯坦动脑子比你多吧？比你聪明吧？他才只用了大脑的5%，你说大脑的潜力有多大！所以，要勤思考。我们都是普通人，那些伟人们想的事比我们多得多，向他们学习吧。

（2）眼勤多看

看什么？看老板干什么，看领导怎么做，看同事做得好不好。看书，看报……当然要少看电视。据美国专家研究，电视看得越多，人越迟钝，尤其是看那些无聊的连续剧。当然更要少看微信、抖音。这又是为什么呢？微信是我们交流的工具，但不是学习的工具。很多人通过看朋友圈学习，看公众号学习，我不反对。但是，我分享一个经验，就是多看纸质版的图书或资料。因为电子版的信息，我们看得很快，貌似学了很多，但是缺少思考，没有消化吸收，学而不思则罔。其结果呢，可能是一种"知识攀比，知识恐慌"，对你真正的成长，帮助不大。刷抖音，除了对眼睛不好，也不利于你思考。因为抖音上的视频大多以娱乐、休闲为主，虽然也不乏一些知识类视频，但我还是提倡大家多看书，增加思考的机会。

在工作当中，员工朋友要学会学习，既要学习专业知识、业务知识，更要学人做事。多向经验丰富、技术过硬的员工请教、学习，以此提高自己的能力和技术水平。

（3）嘴勤多问

不知道大家是否发现一个现象，在学校，老师喜欢多提问题的学生，在企业，领导也喜欢经常向别人请教的员工。经常向他人请教问题，首先说明这个员工态度好，重视工作，对工作认真负责；其次说明这个员工用心学习，是可造之才。当然，多问不是瞎问，不要为了问而问，而是要经过思考才发问。

（4）手勤多记

俗话说得好，好记性不如烂笔头。任何一个岗位，任何一项工作，都需要多记工作笔记。很多员工习惯于用嘴说，用耳朵听，就是不爱做笔记。这样会忘得很快，不利于加深印象。我在刚接手销售工作的时候，天天记笔记。一开销售会议，别的销售经理的发言我都记录下来。一年多下来，我记了好几大本，很快就成了业务高手。所以说，不仅要用手勤快工作，还要勤做工作记录。

（5）腿勤多跑

这一点尤其适用于业务人员。销售并不是一个高深的职业，关键就是多拜访客户，多跑市场。有一次，日本"寿险营销之神"原一平去开会，很多人向他请教成功经验，他就脱下鞋来，让大家看他的脚底板——一层厚厚的茧子。他说："我的成功没有秘诀，就是不管刮风下雨，我每天拜访10个客户。天天如此，一个月就是300个客户，一年就是3600个客户，一定有人给我签单。"所以，如果你想治一下自己的懒病，就要让自己的腿动起来。

第四节
私：人不为己，天诛地灭

1. 病症

私，就是自私，就是没有团队意识，不合作。

二十世纪八九十年代有句话很流行——人不为己，天诛地灭！这句话的由来，我们无法考证。它的意思是，人天生就是自私的。它成为很多自私的人惯用的借口。自私的病症表现如下：

自私自利。

自以为是。

凡事以我为主，"我"字当头。

只考虑自己，不管其他同事。

小集体主义，没有大局意识。

推脱责任。

讲条件，讲待遇，就是不讲奉献。

干活往后躲，挣钱向前冲。

只扫自家门前雪，哪管他人瓦上霜。

……

2. 病因

自私的病因,来源于人性之恶。有人说人之初性本善,也有人说人之初性本恶。到底是"本善"还是"本恶",我们下文详述。自我保护应该说是人之常情。当然,在生活中自私点,也无可厚非,无外乎是少几个朋友而已。但是,企业毕竟是社会化生产的组织,每个人都是其中的一个组成部分,在这里表现出自私,就成大问题了。因为,自私会破坏企业整体的风气,影响集体的利益。

因此,这个病虽然可以理解,但必须加以控制。

3. 病例

老周,50多岁,从国企到外企,再到私企,可以说是职场的"老江湖"了。他的工作能力很强,也很会处理与领导的关系,但是一直无法往上升。为什么呢?因为人缘太不好。同事们基本上没有说他好的。这位仁兄就是典型的自私自利的人:请客吃饭从不掏钱;涨工资冲在最前头,一说干活,就推给别人;当面说别人好,背后说别人坏。不团结本部门的人,摆架子,甚至在领导面前也打着为部门和其他人好的幌子做自己的事情。时间一长,大家都开始讨厌他了。

4. 根源

此病的根源是缺乏利他思想。什么是利他思想呢?就是凡事要学会换位思考,站在别人的立场,顾及别人的利益。这难不难呢?难,很难,非常难。很多人可能说了,我凭什么考虑别人呢?不知大家是否知道曾国藩的一句名言:"欲想自达,必先达人。"利他思想恰恰是一种成功者的思想，缺乏利他思想，则难有大的发展。因为，没有一位领导者愿意提拔一个自私的人，也没有人愿意和自私的人打交道。

5. 对策

如何改变自私的心理呢？就是要有舍得的智慧。小舍小得，大舍大得，不舍不得。儒家讲究仁义，舍生取义；佛家讲究布施；道家讲究"水利万物而不争"；《易经》认为损有余而补不足。其实说的都是一个意思，就是"利他思想"。一个自私自利、贪财的人，不会得到长久的财富，因为没有人会和这样的人做买卖；一个自私的员工不会得到提拔，因为没有人愿意做他的下级。

借用一下舍得酒的广告语："智慧人生，品味舍得"。我们要想成为合格的员工，就要懂得舍得的道理。

第五节
拖：与生俱来的行为顽症

1. 病症

拖：就是拖拖拉拉，工作没效率，就是我们常说的"磨洋工"。在企业里，拖拖拉拉，就意味着工作效率降低；在政府和事业单位，就意味着效率低下，对群众不负责任，甚至是渎职。具体表现如下：

一杯茶水一根烟，你要叫我得半天。

一天的活，两天干，还不一定干得完。

做事拖拖拉拉，磨磨蹭蹭。

对待客户：毫无服务意识，能推就推，能拖就拖。

对待同事：毫无集体意识，官僚主义。

对待领导：执行力极差，拖拉成风。

肥的拖瘦，瘦的拖死。

……

2. 病因

此病原因有两种：无意和故意。大多数员工是无意的，只是因为他们的能力有限，工作方法有问题，不知道轻重缓急，眉毛胡子一把抓，结果捡了芝麻丢了西瓜，很多事情就被拖延了。故意的也有。比如企业里有的人看别人不顺眼，就是拖着不办。这些人一般都是总部人员，或者是服务部门的人员。财务部的人员：你要报销，那我就得层层审核。审核不怕，是应该的，就怕小题大做，故意拖延。行政部门的人员：你要派个车，没司机，等着吧；你要买个东西，得报价，等着吧。结果部门之间互相较劲，整体效率低下。

3. 病例

小王，行政部主管，主管单位车辆调配。此君是典型的拖拉型员工，他的拖拉有点儿让人哭笑不得。一般的员工要个车：要么对不起，等着吧；要么没司机；要么车没回来；要么车去修理厂了。反正是不痛快。但要是他看得上的人，或者是老板的指令，办事就格外的迅速。虽然安排得迅速，但又安排不到点上，总是忙得晕头转向。平时其他事情也是拖拖拉拉，没有一件事情是痛痛快快按时完成的。所以说，这位兄弟有心态的问题，更有能力的问题。

4. 根源

拖的根源就是不负责任。一个人，没有利他之心，没有负责任的态度，没有把自己的工作当成重要的工作，没有把自己的客户或者服务对象当成重要的人，就会出现不重视、无所谓、敷衍的表现。拖和混也是并发症：

拖拉的人容易混，混的人容易拖拉。一般混的人都会多多少少并发拖拉的毛病，这是典型的对工作、对自己的人生不负责任的表现。

5. 对策

根治拖拉的毛病，主要从两方面着手：一是心态，二是能力。思想决定态度，态度决定行为。要想不拖拉，首先要树立负责任的思想，进而有勤快服务、我为人人的心态，养成雷厉风行、说到做到的习惯。这是一个漫长的过程，需要企业进行反复的教育和引导，更需要员工自我反思和检讨。然后就是要有能力。什么能力呢？计划和执行的能力。要有目标，然后将其分解为月计划、周计划，甚至是每天的计划。把第二天要做的主要工作罗列出来，写上每一件工作要完成的时间，然后进行自我监督，完不成要对自己有所惩罚。这样日积月累，病情就会大有好转。

第六节
耍：把工作当儿戏，赔了自己的前途

1. 病症

耍：就是拿工作开玩笑，不正经干活。"耍"，在生活中是玩耍的意思；在企业里，就是不拿自己的工作当回事，工作没有正行。这是一种很严重的病。比如：

外表一看，吊儿郎当。

没有正行，摇头晃脑，像个小混混。

不务正业，不仅混工作，更是混人生。

凡事耍小聪明，占小便宜。

毫无责任，工作不利。

把工作当成儿戏，哪管什么工作业绩。

……

2. 病因

耍的人一般以普通员工居多，企业管理层也不乏其人。如果说混日子、拖拖拉拉还只是小毛病，耍就有点严重了。耍的病因是对自己的人生不负责任，没有清晰的人生规划，没有明确的人生目标。拖延的人是混日子，耍的人呢，就是游戏人生了。对于他们来说，不工作吧，没有收入，工作吧，又不甘心，于是拿工作开玩笑。要是非关键岗位还好一些，万一是涉及重要的工作那就会出乱子。

3. 病例

老张，50岁左右，一直是企业里的普通技术人员，没什么头衔，结果去年年底被新领导提拔成了技术总监。这下子他不得了了，成天吆五喝六。但毕竟没有管理经验，几个月下来，得罪了一大批员工。大家意见很大，老板一看不行啦，紧急换将。老张在技术总监的位置屁股还没坐热呢，就又回到了原来的位置。这下子老张不干了，天天嘟嘟囔囔，像祥林嫂一样，激情一下子消失殆尽，整天无所事事。新领导看他是老员工，又确实有点技术，也没把他怎么样。可这老张拿着高工资，不仅不思感恩，反倒大耍特耍，甚至是胡闹。领导看了头疼，员工看了不服气，他自己呢，还一直认为别人对不起他。最后领导忍无可忍，给他降薪又降职。

4. 根源

耍的根源就是不负责任，不讲良心。任何一个敬业的人，都不会拿着自己的工作耍。因为企业给你很高的工资，你不满意可以谈；还不满意，可以离职。这是很正常的。但是，既不辞职，又不好好干活，这是一种什么样的行为？这是不讲良心的做法，也是不讲道德的行为，是让其他员工和领导都看不起的行为。

5. 对策

这类病症的对策就是三个字：讲良心。人类之所以进步，之所以伟大，是因为人类讲良心。做了错事坏事，对不起自己的良心，即便一时半会儿没什么，早晚也会受到良心的谴责。这样的人最应该做的就是摸摸自己的良心，问问自己：我这样做对得起企业吗？对得起我的良心吗？

第七节
傲：孤芳自赏，目中无人

1. 病症

傲：就是不谦虚，不合群，恃才傲物，目中无人。

说到这个病，我深有体会。我曾经就是这样的一个人，结果吃了大亏。年轻时，自己有点文采，负责写公司的文案，经常受到领导的表扬。于是自己便飘飘然了，还自诩为公司第一才子。说就说吧，关键是逢人便说，喝点酒就更忘乎所以了，结果吃了大亏，一直得不到提拔。我一直认为领导没有识人之才，直到后来检讨反思，才知道是自己的错误。有才华是好事，但如果目中无人，没有团队意识，那就是病了。

2. 病因

傲的病因只有一个：太拿自己当回事。每个人都有自己的优势。刘翔能跨栏，可他游泳不行；姚明能扣篮，可让他当厨师，恐怕就不靠谱了。这说明什么？就是专业的人做专业的事。谁都有优点，也都有缺点，没有人是全能的。你要总拿自己的优点和他人的缺点比，那就会出现一种结果：

自我感觉绝对的良好。这就是傲的病因——只看到自己的优势，看不到别人的优势，更看不到自己的缺点。

3. 病例

小刘，也就是之前的我，30岁的时候，天天给老板写总结，写报告，写演讲稿，甚至给总公司的老板、副市长都写过，得到的赞美无数，于是就飘飘然了，逢人便"小刘卖瓜，自卖自夸"："我是××公司第一才子。"结果，职业道路极其不顺。一开始还怨天尤人，破口大骂，后来听到了大家的反应，才恍然大悟。原来大家在背后是这么说我的："这小子太狂，得杀杀他的威风。"那我还能好得了？最后碰得头破血流。万般无奈之下，辞职创业，自己到北京发展，然后到各地讲课。期间接触了很多营销圈里的高手，我自愧不如。这才知道，我最多就是个小城市的二流高手而已，就是一只"井底之蛙"。想来便觉得可笑。

4. 根源

傲的根源是不能正确认知自我。古语说得好：知人者智，自知者明。可这世界上能够清醒地认识自己的到底有多少人呢？寥寥无几。据心理学家研究，每个人都不由自主地高估自己，低估别人。这也算是一种普遍现象。所以，不能很好地认知自我，认识自己，就会出现"夜郎自大"的现象，这也就是傲的根源。

5. 对策

根治傲，其实很简单，就是一句话：山外有山，人外有人。当然，仅仅记住这句话还不行,还要"走出去,请进来"。到外边的世界多看看,多学习,多见识一下高人,这是根治傲的好方法。所谓行家一出手,就知有没有。虽然自己在企业里算是一个人物,可是在一个城市呢?一个省呢?一个行业里呢?"江山代有才人出,各领风骚三五年。"你不进步,马上就有人超过你!又有什么可以骄傲的呢?"水低为海,人低为王。"谦虚使人进步,骄傲使人落后;满招损,谦受益。所以,一定要谦虚,一定不要骄傲。井底之蛙永远看不到河流,更看不到大海。

第八节
斗：有人的地方就有纷争

1. 病症

斗：就是不团结，钩心斗角，搞帮派。

职场是一个小社会，也是一个名利场，竞争在所难免。最近热播的《平凡的荣耀》，真实反映了职场的生态。既真实，更扎心，当然也充满奋斗的正能量！职场中从不缺乏"明争暗斗"，古今中外莫不如此。企业员工中的"斗"体现在：

当面你好我好，背后就挖墙脚。

给别人挖个坑，穿小鞋。

拉帮结伙，山头主义。

暗中使绊子，设障碍。

打小报告，上怂话。

三个人四个想法，互不配合。

老板面前拍胸脯配合，实际工作却看笑话。

争名逐利，争风吃醋。

使阴招，下黑手。

……

2. 病因

斗的病因很复杂，人性的自私也是一个重要的原因。热衷于内斗的人，大多是自私的人。人一旦自私，就只考虑自己，不再想别人。这时候为了自己的利益，就"无所不用其极"，也就开始用各种手段与别人斗争了。

3. 病例

老宋，50岁，职位是副总。按理说高薪高职，人人羡慕，就该知足了。偏偏这位大哥是一个不安分的人，凡事皆争强好胜。除了对自己的顶头上司毕恭毕敬，其他部门的人他一概看不上眼：和生产斗，和物流斗，和人事斗，甚至和下级斗，真可谓"与天斗，与地斗"。不知道是不是其乐无穷，反正最后的结果，是自己也被斗下台了。

4. 根源

我们在上文说了，斗的病因是自私。归根到底，斗的根源是利益。人都自私，我们不讳言。但是，没有利益的关联，一般人不会窝里斗。恰恰是为了争夺有限的利益，人们才天天琢磨着"斗"。比如，最常见的升职。在企业里，升职可能是最令人羡慕的事情了。升职意味着权力更大、金钱更多。绝大多数企业都是金字塔形的管理，越到上层，人数越少。人少不要紧，关键是待遇可能会相差几十倍，甚至更多。巨大的利益让人们的私心极度膨胀。于是为了争夺更高的职位，每个人都必须把别人"干掉"。能够光明正大地竞争也好，偏偏是表面一团和气，背后各使阴招，这就助长了内斗之风气。不争不行吗？行，但残酷的职场现实往往不允许我们置身事外。对于男人来说，三四十岁还不升职，将很难突破自己，也很难有更好的发展，压力之大不言而喻。所以，很多人虽然不想斗，但在各种压力下，也被迫加入斗争的行列。

5. 对策

对于内斗，对策有两个：一是外用药，二是内服药。外用药是创造一个企业内部公平竞争的机制。企业的晋升机制很重要。什么样的员工，达到什么样的标准就可以晋升到什么样的职位，一定要明确、清晰。让员工们心中有数，才能减少恶意竞争，进而减少"斗"。在这点上，一些外资企业做得很好，比如麦当劳。我国有些民营企业也是不错的典范，比如说海底捞。

内服药就是尽量去掉私心，人人都光明正大地争取利益。让现代人淡泊名利，那不大可能。但我们可以做到光明正大地争取利益。不要当面不说，背后乱说；不要当面笑面虎，背后捅刀子。想要赢得光彩，就要正面竞争，而不是背后使阴招、耍小聪明。背后耍小聪明的人，早晚让别人看穿，哪一家企业都不喜欢这样的人。

第九节
滑：有利益冲锋在前，遇困难逃避退让

1. 病症

滑：就是圆滑，狡猾，不老实。说到这个词，圆滑还可以理解，如果是狡猾，就上升到人品的问题了。不过，哪一个公司好像都有这样一些人：

八面玲珑，面面俱到。

有利益冲在前面，干活能躲就躲。

说话躲躲闪闪，没有实话。

做事懒懒散散，绝不积极主动。

爱占小便宜。

与同事交往，耍小聪明。

当面一套，背后一套。

……

2. 病因

这个病很复杂，从源头说起，多少和家庭教育有关。人之初，性本善。

可是孩子上学以后开始接触很多人、很多事情，这时候对善恶的判断，对是非的把握，就容易受父母的影响。在此我要感谢我的父母，他们是正直善良的人。我的父亲是个中层干部，因为很正直、不说假话而深受同事们喜欢。母亲是个普通工人。他们对我的教育就是：要做正直善良的人，不能欺善怕恶。我听从了他们的教诲，在走上咨询培训的道路以后，我用正直的人格影响了更多的员工。所以，作为员工，为了你的孩子，为了下一代，也必须老实做人，踏实做事。

3. 病例

还是说说《平凡的荣耀》，里面狡猾的角色可不少。比如后期空降接替王总的李慎思，对谁都是笑脸相迎，哈哈一乐，绝对的和蔼可亲；入职第一天就要安排大家旅游团建，放松身心；每天不看文件，只是泡茶养生，一看就是来养老的，成功地骗过了曲忠辉。结果呢，他联手克瑞斯，让曲忠辉走人，自己取而代之。他不仅滑，更是心机深藏不露啊。

4. 根源

职场中的这个"滑"字，其实是和圆滑相对应的。狡猾另当别论，不是本书探讨的范畴。毕竟职场只是职场，又不是战场，哪里用得到"狡猾"二字呢？说到圆滑，其实也和一些传统的教育有关。都说"宁在直中取，不在曲中求"，但是又有几人能做到？更多的情况是，"曲则全，枉则直"，起码也是"外圆内方"。做事圆滑，也算一种自我保护吧。当然，适度的圆滑无伤大雅，但过犹不及，过度了，就是人品问题了！

5. 对策

对待"滑"的员工，企业肯定很头疼。这样的人往往有些能力和水平，但做人做事又很有问题。这样的人就像鸡肋，食之无味，弃之可惜。因此，对待这样的员工，建议企业采用"可用，但不可重用"的方法，不要把这样的人放在关键岗位上。

"滑"的人从不说自己"滑"，他们自认为有一千条理由和借口证明自己的正确和无辜。但我要奉劝有这种思想病的人，一个很简单的办法就可以诊断出这种病来——你看看真心的朋友有几个，你看看同事对你的评价如何——是要真正剖析自己，不是泛泛而谈。如果你认为同事是真心地对待你，你还有几个自认为不错的同事和朋友，那么，恭喜你，你合格了——没有"滑"的思想疾病。如果根本没有一个同事或朋友和你真心相处，你就麻烦了，因为你得了"滑"的思想疾病。

如果你认为职场就应该只有工作，没必要有什么朋友关系——对不起，你的病很严重了。职场确实不是交朋友的地方，但也绝不是不讲感情的地方。一个很老实、很踏实、很真诚的人，一定会受到广泛欢迎，一定会有很好的人际关系。所以，如果你没有好的人际关系，那你就应该检讨自己。要知道，"滑"的结果就是沦为孤家寡人，没有朋友。这是千年不变的铁律。

第十节
贪：贪小便宜吃大亏

1. 病症

贪：就是贪小便宜，甚至贪污腐败。大多数人都有贪欲：对钱、对权、对美女，这个不稀奇。关键是，如果在企业里，你利用职权捞取好处，那就不仅仅是道德问题了。如果金额巨大、情节严重，就是触犯国家法律了。此病是"暗病"，一般人看不出来，但细细观察还是能看出一些端倪：

凡事先讲待遇，无利不起早。

爱占公家小便宜。

顺手牵羊，"以公司为家"。

差旅费上动手脚：找假票，虚开发票。

日常招待，吃300，开500。

用公司复印机复印个人的资料，动辄几十页。

利用公司职权，吃拿卡要。

采购部、运输部吃回扣。

工程部拿工程提成。

销售部贪污促销费。

行政部多开修车费，多报加油费。

后勤部从员工餐费里扣钱。

……

2. 病因

贪病是最古老的病，其病因就是人性中的贪欲。这个病无法根除，只能控制。因为人类的天性就有独占欲，即贪欲，这个无须回避。但人类社会之所以可以不断发展，不断进步，恰恰是人类在不断的自我斗争中取得了进步。我记得有这样一句话："人生就是一场战争，唯一的敌人就是自己。战胜了自己，也就赢得了战争。"所以，如何战胜自己的贪念和贪欲，是一个人能否赢得人生的关键。

3. 病例

张、宋、黄三人同在一家企业担任大区经理，掌管着这家企业接近85%的销售额，管人多，权力大，典型的"封疆大吏"。一开始，三个人也算敬业，每天早出晚归，兢兢业业，把这家企业的销售做得有声有色。但随着年龄的增长，职位却一直没得到提升；待遇还是老样子，任务量却越来越大，奖金越来越少，三人的心态越来越不平衡。看着领导挣钱，看着经销商从蹬三轮、开面包，到后来开宝马、开奔驰，实在是羡慕嫉妒恨，贪欲也开始膨胀。怎么办？靠山吃山，靠水吃水，直接从促销费下手。做假单子，做假活动，虚报费用，甚至联手经销商骗取促销费，结果快速实现了"致富"。只用了几年时间，三人就买上了好车，住上了好房——这些根本就不是其工资奖金能够买得起的。他们的行为引起了公司员工的怀疑。后来，三人被手下的员工联合举报，最后进了监狱。

小苗是一家企业的一个小保安，负责看管进出货物的南门。本来这份工作没什么"油水"，要是一般人做，也就只能拿保安的死工资。谁知小苗是天生的"贪污高手"，没有机会创造机会，也不知道怎么就和送煤炭的人联系上了。送煤的人往车上多放压车的物件，然后过磅的多算一车。一次两次确实显不出什么，但三年下来，这家企业亏煤数千吨。当然，这不光是这个小保安自己的"功劳"，还有保安科长、管煤炭购买的、过磅的，总之牵扯了很多人。最后，这个小保安的下场可想而知。

4. 根源

贪的根源始于人性中的贪欲。自从有了私有财产，人们就开始有了贪念。封建社会出现了很多的贪官，比如蔡京、严嵩、和珅这样的大贪官。"三年清知府，十万雪花银"更是清朝腐败的真实写照。但是，即便是人人有贪念，代代有贪官，依然有很多清正廉洁的清官，比如范仲淹，比如海瑞，比如曾国藩，他们才是社会的主流和中流砥柱。

职场中的贪，也是贪念在作祟。有点权力，就想着多吃点多喝点多捞点。个别人甚至抱着"权力不用，过期作废"的想法，这是何等的阴暗和危险！现在国家正进行"反腐倡廉"，就是要遏制人性中的贪念！这是功在当代利在千秋的英明之举！

5. 对策

对于贪，我们说过，这个病只能控制，无法根治。那么，如何将这个病控制好，让它不发作呢？我们要从个人和企业两方面做起！怎么做呢？那就是"正气存内，邪不可干"！

作为企业员工，首先要树立正确的三观，也就是正确的世界观、人生观和价值观。这就是正气,这就是做人的德行!我们接受了那么多的教育,无论是家庭教育还是学校教育,都让我们做清正廉洁的好人,做守法公民,做合格的好员工!我认为,我们一定要从自身做起。"大学之道,在明明德,在亲民,在止于至善。"我们要不断地修正自己的行为,实现人生的价值!而控制贪念,可能是最难也是最有价值的一件事了!

多读名人传记,多反思自己的行为,多想想如何为孩子做榜样,那么,我们就可以最大限度地控制这个"贪"字!

作为企业,要"弘扬正气"。你会发现,企业的文化、企业的舆论导向非常关键!虽然企业有这样那样的制度和流程,但是,更重要的还是企业的"风气"!一个企业如果弘扬正能量,人人奉献,个个清廉,那么,这个企业就会正气满满!在这样的环境中,员工就会"见贤思齐",就会做得更好!因此,企业自身的机制和文化建设非常关键!

YUANGONGXINFA
HEGEYUANGONGDEXIULIANZHILU **2**

第二章
离苦得乐，找寻人生与工作的价值

> 我们的钱挣得越来越多，可我们的幸福感越来越低；我们的应酬越来越多，可我们的朋友越来越少；我们的职位越来越高，可我们的心情越来越坏；我们的物质越来越丰富，可我们的精神越来越贫乏；我们白天光鲜亮丽，夜晚内心挣扎。
>
> 我们在工作和生活中苦苦挣扎。如何在这短暂的一生中找到人生的价值？如何找到生活和工作的快乐？每一个人都想找到这些问题的答案！

第一节
人生的意义：弃恶从善，找寻真我

人生这个话题似乎有点大。人生如梦，人生如戏，人生如旅程，人生如舞台……人生到底是什么呢？我想说，人生就是完善自我的过程。

我是谁？我从哪里来？又要到哪里去？这是人生哲学的三大命题。

中国上下五千年，纵横八万里，多少圣贤之人，多少达官贵族，谁又真能解答这个问题呢？

你我都是凡夫俗子，绝大多数人连想都不想这个问题。他们首先会说：大哥，省省吧，我还得明早坐地铁上班，我还得还月供，我还没谈恋爱，我还得给父母寄钱，我还得和××竞争职位，我还得买个好车，我还得想法创业……谁有空想这个无聊的问题呢？

可是我要说，你不想这个问题，那你要房子、车子、票子、妻子、位子等，是为了什么呢？有钱、有权就真的幸福吗？如果真的是这样，那比尔·盖茨肯定最幸福，但他为什么把钱捐了呢？

我们研究这个问题有意义吗？

有！

原来我也不想这些。十多年前的我，一年掌握着几百万的促销费用，在三线城市每月拿着一万多元的工资，有权有闲，吃喝玩乐。自己还算正

第二章　离苦得乐，找寻人生与工作的价值

直无私，不贪不沾，吃点儿喝点儿玩点儿乐点儿那还不算正常？直到一个机缘，在一个旧书摊上看到《了凡四训》，才突然明白，自己的一生不应该这样，才发自内心地想要改变。

但改变是何等之难。几经波折，几年后才开始明白自己的人生方向，而且越来越觉得自己前些年的所作所为是何等丑恶。

人生是什么呢？人生就是一个"善恶相争"的过程，是一个不断改恶从善的过程。

《大学》中提到，"大学之道，在明明德，在亲民，在止于至善。"其实人生也是如此：善恶相争，弃恶扬善，追求至善，找到真我。

网络的日益发达，带来了知识量和信息量的逐渐增多。这么多的信息量，使人们的思想更加复杂。复杂不是坏事情，关键是复杂后，绝大多数人却变得不会思考了。

我们的员工，无论是高管还是中层，抑或是普通员工，都只关心自己每月挣多少钱，年终奖多少，职位能不能提升，饭碗牢固与否，如遇变故跳槽到哪里去，谁还有闲情逸致在这探讨人生呢？

员工朋友们，知道我为什么说大多数员工不合格吗？就是因为很多人只是为了工作而工作，为了打工而打工。很多人，虽然房子大了，票子多了，可是压力也大了，快乐没了，幸福没了，追求更没了。那人生到底为了什么？工作为了什么？

人生有太多的定义，每个人都可以为自己的人生下定义。我一下子想起了两个名人。一个是季羡林，国学大师，他曾说过，"人生没有意义。"这样一个名人，有如此伟大的成就，让我等凡夫俗子仰目而视，竟然说人生没有意义，那我们这些普通人怎么办？我们的人生岂不是更加没有意义了？

另外一个是作家毕淑敏。一次，毕淑敏在北大进行演讲，有学生问她："人生到底有没有意义？"

毕淑敏说："我曾经想过无数个日夜，从清晨到夜晚，从仲夏到严冬，

终于，我想通了——人生本身是没有任何意义的。"

全场响起热烈的掌声。毕淑敏接着说："虽然人生没有意义，但是，我们活着，就该给它创造出意义来。"全场掌声雷动。

第一次掌声，说明北大的学子们认同她的真诚。这些学子本身就是迷惘的一代，谁要是进行空洞的说教，很可能会被轰下去。但如果只说这样一句话，也显示不出毕淑敏的水平。紧接着，她指出，活着的意义正是为了给没有意义的人生找到意义。

这话说得多好啊！

人生是什么？一万个人有一万个说法。泛泛探讨，其实没什么意义。试问，大款巨富、达官显贵的人生和农民工一样吗？和乞丐一样吗？要说一样谁也不信。

人生奇幻无比，波诡云谲。匆匆几十年，生老病死，起起落落，谁能说得清楚？

但是，这个问题又不能回避，也无法回避。此生为人，如果浑浑噩噩地过一辈子，不是说不行，总觉得不尽兴，有遗憾。想要拥有一个无悔的人生，就必须想这个问题。

思想，就是超越名利的武器，就是超越时空的工具。思想，是人与动物的最大区别。人拥有思想才更伟大。只要你开始思考，思考自己的人生，你的人生就开始变得有意义。

没有人能够阻挡你思考。也许成功，也许失败。无论用什么样的方式，只要你开始思考，你的人生就将从此与众不同。不过，能认识到这些道理并不容易，需要不断总结和感悟。

只要你开始找寻真我，你就是幸福的。你会为了追求至善而不断努力，最终将找到真我。但更多的人，终其一生都无法找到真我，只能在红尘中浑浑噩噩地度过。每天上班，下班，吃饭，睡觉，打牌，喝酒。小日子过得也很滋润，没觉得有什么不好。要是再有点权力，有点钱，开好车，住大房子，那简直就是神仙一样的生活。

可是你想过没有，你再有钱，一顿能吃下几只鲍鱼？"日食三餐饭，夜眠五尺床。"物质生活，带不走人生的苦难、烦恼，带不来心灵的解脱。弃恶从善，离苦得乐，这应该是每一个人追求的目标。

人生如梦终会醒，人生如戏总会散。人的一生很短暂。正如毕淑敏说的，如果不能给自己的人生找到一点儿意义，岂不是白来世上走一遭？

人生是什么呢？

弃恶从善，找寻真我。

第二节
善恶在于一心

人之初,到底是性本善,还是性本恶呢?很多学者争争吵吵了数千年,也没有一个定论。

其实,这不过是学术之争,没有什么实际意义。我认为,人之初,万事万物之初,都是"无善无恶"的。比如,小孩子刚出生,连什么是东南西北都不知道,也不知道恐惧和害怕,哪里会有善恶美丑的区分?

只不过随着时间推移,小孩子慢慢开始领悟什么是善,什么是恶。当然,起着决定作用的是家庭,尤其是父母的教育。

随着年龄的增长,随着教育、家庭、环境的不断影响,人开始变得善恶相间了。有善的本质,也有恶的成分和因素,人就开始了善恶相争的人生。

我们不再探讨人之初的善与恶,但是我们一定要理清楚什么是善,什么是恶。"善"和"恶"是中国人最为熟悉的词之一。但是,到底什么是善,什么是恶呢?这需要智慧去判断。先讲两个小故事。

话说古时候有一个小姑娘,很穷,路过一个寺庙,想布施钱财,但身上只有两文钱了。她毫不犹豫地将钱拿了出来,捐给了寺庙。方丈亲自出来感谢。也许是善有善报吧，后来这个小姑娘长大了，入宫当了贵妃。有一天，她带着丫鬟，叫人抬着1000两黄金来这个寺庙进行捐赠。结果方丈仅仅让他的徒弟出来接待。贵妃大怒，叫方丈出来问话。方丈出来了，贵妃怒问道："10年前，我仅仅捐给你们两文钱，你就亲自出来为我祈福。现在我捐给你们1000两黄金，你却不亲自出来迎接。这是为什么？"

方丈双手合十："阿弥陀佛，施主10年前虽然仅仅捐给我们两文钱，但那是你的全部家当，你的善心是真诚的，我必须亲自接待您，来答谢您的一片真心；而您现在虽然有1000两黄金，但是您的心却不像以前那样虔诚，所以我让徒弟来感谢您就行了。正所谓，'千金为半，两文为满'啊。"听罢，贵妃羞惭而退。

看来，捐钱多少不重要，是否真心才重要。善恶就在一念之间。

明朝高官吕文懿退休后，告老还乡，荣归故里，受到全乡人的敬重，如泰山北斗一般。吕文懿也非常珍视自己的名誉。一天晚上，一个同村的年轻人喝多了，牢骚满腹，遇到吕文懿依然胡言乱语，骂骂咧咧。一般人肯定急了，但吕文懿非常有涵养，关上门不理这个醉汉。这个醉汉连连踹门。管家要出去教训他一番，被吕文懿劝住了："他喝多了。我们刚刚退休回家，不要让大家觉得我们太招摇，一定要低调。"事后，这个年轻人到处惹是生非，欺压百姓。谁若阻拦，他就大喊着："老子敢踹大官的大门，你算什么！"一年后，这个年轻人杀了人，被判了死刑。

吕文懿听说后，大为后悔，认为是自己害了他。为什么呢？因为当时如果自己跟那人计较一下，小小地惩戒他一回，他也许就老实多了。结果，吕文懿为了自己的名誉，纵容了他，善心做了恶事。这其实和我们很多父母从小溺爱孩子是一样的道理。

从上面的两个小故事，你能悟出一点道理吗？下面谈谈善恶的标准。

善恶的标准是这样的：凡是利他者，均为善；凡是利己者，都是恶。不要看表面怎样，一定要看人的动机。如果我是为了别人好，那我打他骂他都是善——当然，必须是真心地对他好；为了自己的一己之私，说好话，拍马屁，送礼物，都是恶。比如在管理下级的时候，如果我们是为了他的成长，为了他的安全，为了他的进步，而严格要求他，这没有错。即便态度严厉一些，甚至骂他几句，也是善。相反，为了保护自己，为了一己之私，对领导阿谀奉承、甜言蜜语，就是在作恶。或者，自己当领导，为了能够让大家听话而讨好下级，也是在作恶。

这说明什么呢？善恶只在一念之间。所以要想分清楚哪一个是真正的善，哪一个是真正的恶，还真需要智慧呢。

善恶在于一心。

因此，我们提出来一个新的观点：人之初，无善无恶。但是，随着年龄的增长，恶越来越多，很多人堕入"恶道"。于是，每一个人的内心都开始了"善恶相争"的痛苦过程。每一天，对每件事，善念和恶念交织出现。一念之差，我们有可能行善，也可能作恶。有价值的人生，就是一个不断弃恶从善的过程，就是一个找回善的真我的过程。从善恶相间到全善，人生就是一个漫长的修炼过程。

第三节
人性善恶循环圈

人性是善恶相间的，更是善恶相争的。有些人从小善多一些，有些则恶多一些。总体而言，小孩子还是善念远大于恶念。但是，为什么成年以后，差距会那么大呢？这要从内和外找原因。

1. 人之初，无善无恶

上文说了，人之初，无善无恶。但是一旦这个孩子学会了说话，学会了识字，得到最初的家庭教育后就会发生改变。大家都清楚"孟母三迁"的故事吧。

古代的大思想家孟子，也就是我们常说的"孔孟"中的孟子，被称为儒家的"亚圣"。能够和孔子齐名，足以说明孟子的地位之崇高。但是，他小时候，家里很穷。一开始他家住在村庄里，孟子经常和小朋友玩办丧事的游戏。孟子的母亲看见了，很着急：我的儿子怎么能这样呢？于是她搬家到集市附近。没想到孟子又和集市上的小朋友玩起了经商的游戏。孟子的母亲更着急了：这也不是我们要待的地方啊。于是又一次搬家，搬到了学校附近。每天听着朗朗的读书声，孟子开始变得爱学习了，懂礼貌了。这回，孟子的母亲终于满意了。这就是历史上有名的"孟母三迁"的故事。这说明什么问题呢？说明环境对于一个人尤其是孩子的重要性。

试想，如果孟母第一次不迁居，孟子长大后可能也就是一个老百姓；第二次不迁居，孟子可能就会成长为一个商人。孟母的英明之处在于给孩子幼小的心灵找到了一个纯洁的场所，所以才有了孟子这个伟大的思想家。

这再一次让我们看到，人之初，无善无恶。遇到善的教育，就会向善；遇到恶的环境，也会从恶。

看看现在有的家里，孩子的物质生活太丰富，精神生活却很贫乏。不少孩子依靠电脑、手机与外界交流，心灵越来越空虚。这也是很多家庭发生问题的根源。我认识的很多父母，为了孩子操碎了心，他们痛苦的神态，让我终生难忘。孩子是我们的希望，也是国家的希望。所以，如果想让我们的国家更强大，必须狠抓教育，尤其是家庭教育。家长就是孩子的镜子，家长努力工作，孩子就会努力学习；家长积极阳光，孩子也会性格活跃。反之，家长天天玩手机，打游戏，孩子就会见样学样。等家长发现问题的严重性时，往往就晚了。醒醒吧，各位家长。

让每一个孩子，无善无恶的孩子，经常接触善的理念、善的环境、善的人群，这是社会的责任，更是我们每一个家庭、每一个家长的责任。

2. 成长中，善恶相争

孩子们长大了，成人了。由于家庭教育和学校教育千差万别，所以每个人从走入社会开始就各有不同。

其实，每个员工从一开始都是善多恶少的。但是，如果企业没有一个好的环境，没有好的制度和机制，没有好的企业文化，员工思想中的恶就会慢慢膨胀。员工恶念越来越多，善念越来越少，很有可能导致企业管理越来越难，产品质量越来越差，销售额越来越少……

3. 人性就是善恶循环

人生是一个彰显人性的大舞台。举头三尺有神明，每个人的善恶都在老天爷的注视下，无法掩饰。从无善无恶，到善恶相争，再到断恶从善，追求至善，这就是一个善恶循环，而且是一个不断进步的循环。我们什么时候认识到自己的恶都不晚。俗话说，"浪子回头金不换。"只要你能认识到自己的恶，就会有羞耻心，就会有改过的想法，就会走向新生。

我们什么时候都有机会走向至善，而工作就是我们最好的修行方式。

第四节
工作就是修行

工作是什么呢？工作就是一种社会的修行。

工作和生活一样，是人生的两个方面。但是，工作和生活又不一样，它需要用佣金来度量。

要探讨工作是什么，先来说说：我们不工作行吗？估计绝大多数读者会牢骚满腹：我不想朝九晚五，不想看人眼色，不想挤公交车和地铁，不想好几个人合租住房，不想……要不是为了生存，谁愿意工作呢？

是啊，大多数人工作纯粹是为了挣钱，为了生存。但在许多富裕的家庭中，父母也要求孩子上班。因此，开着宝马上班，一个月才挣3000元的事情也不少。

看来，工作是为了挣钱，但绝不仅仅是为了挣钱。

还有的人说，工作是为了自我的成长。

是啊，通过努力，不断升职加薪，当上部门经理，当上副总老总，甚至当上老板，这不就是工作的目的吗？这样想的朋友们，最起码已经有目标了。

但是，有些人到了一定级别，职业生涯基本固化了，于是就开始懈怠了。就像开篇说的，很多高管的素质甚至还不如普通员工。这说明什么？

第二章 离苦得乐，找寻人生与工作的价值

说明如果仅仅用名利或地位来衡量工作的意义，那么工作早晚会变得没有动力。

为了钱不行，为了地位也不行，那么，工作到底是为了什么呢？

有的人说了："马斯洛不是说了吗？人的需求有五个层级——生理的需求，安全的需求，社交的需求，尊重和自我尊重的需求，自我价值的实现。那么，工作就是实现自我的价值吧？这可是人的终极需求了。"

很对！追求自我价值的实现。但什么是自我价值呢？

前面我们说过，人生是一个弃恶扬善、追求至善的过程。既然工作是人生的一部分，那么工作也是一个断恶修善、追求至善的过程。工作就是在修行，就是在不断地完善自我。

无论你是一个CEO（首席执行官），还是一个最底层的员工；无论你是一个白领，还是一个清洁工，你都需要在自己的工作中断恶修善，追求至善，以达到找寻真我的目的。

工作是人生的一部分。一个人能够在工作中不断地完善自己，就能得到智慧，就能离苦得乐，就能找到人生的意义，就是快乐的、幸福的。这就是终极价值，也就是自我价值的实现，与金钱、地位、职务等无关！

第五节
人生和工作的产物：快乐和幸福

人生很复杂。古往今来，多少人苦苦追求人生的意义和价值，都没有得到一个明确的答案。因为人生本就没有答案。

但人生又是简单的，简单到每个人都可以给它一个答案。上至老人，下至孩子，每个人都可以有自己的看法。

人们可以有巨大的物质差异，富人和穷人的差别就是天上和地下的差别。但是，人又是平等的。为什么是平等的呢？在"生老病死，喜怒哀乐"方面，老天爷不会因为你是达官显贵就不让你得病，不让你生气，让你每天都乐乐呵呵的。相反，你的压力更大，幸福度更低。

反倒是一些老百姓，收入不高，但是身体健康，家庭和谐，快乐幸福。正如天地之间的规律，"损有余而补不足"。

人之初，无善无恶，后来随着教育和环境的改变，人开始变得善恶混杂。每天都善恶相争，这就是人性的善恶循环圈。争来争去的结果，有的是善压住了恶，有的是恶压住了善。当然，前者是多数，否则这个世界早就毁灭了。

有一部分人，他们能够断恶修善，完善自我，追求人性的至善。他们是如何做到的呢？就是在日常生活和工作中不断修行，不断磨炼自己。所以我们说,工作就是一种修行方式,是通向自我完善的道路。

知道了这些,我们就会明白,每一个员工都应该思考自己的人生问题。早一天悟出人生的意义和价值,人生之路将早一天开启,人生之花将早一天绽放,快乐和幸福将早一天到来。

不过,快乐和幸福不是人生追求的目标和结果,它只是一种产物,是悟出人生和工作意义的产物。

YUANGONGXINFA
HEGEYUANGONGDEXIULIANZHILU 3

第三章
思想，合格员工的"一个核心"

思想虚无缥缈，看不见，抓不到！它又是那样的真实，就在我们的脑海里，时时陪伴你我！

人因为思想，在自然界里成为最伟大的动物！人因为思想，创造了数千年的历史和文明！人因为思想，改造了自我，更改造了世界！人因为思想，让财富变得黯然失色！人因为思想，让庸俗的生活变得逐步高尚！人因为思想，让生命得到永恒！人因为思想，让整个世界变得明亮！

因为思想，每一个普通员工，将得到提升自我的力量！

第一节
你想成为什么样的人，便会成为什么样的人

有这样一种说法："你想什么，你就是什么样的人。"

这说明思想很重要。

那么，到底什么是思想呢？

思想是思维活动的结果，属于理性认识。

思想是客观存在的反映，是人类一切行为的基础，人因思想而伟大，人因思想而崇高。

如果我们想要成为合格的员工，想要拥有灿烂的人生，想要改变我们的人生，就必须先改变我们的思想。

改变总是从新思想开始。因为，你头脑中的思想决定了你对人、对事的态度，你的态度又决定了你采取什么样的行动，而不同的行动带来不同的结果。所以，如果你想改变你的某种行动以及这种行动所带来的结果，那就要从改变你的思想方式入手，从源头解决问题。比如，有时你情绪低落，做出一些消极的举动，这都是你的消极思想在作怪。要改变你的这些消极的情绪和行为，就必须从思想和心态入手，让自己变得积极起来。

第二节
人的全部尊严就在于思想

引述一段法国哲学家帕斯卡尔关于思想的论述：

思想成全人的伟大。

我能想象一个人没有手、没有脚、没有头（因为只是经验才教导我们说，头比脚更为必要）。然而，我不能想象人没有思想，那就成了一块顽石或者一头牲畜了。

思想形成人的伟大。

人只不过是一根苇草，是自然界最脆弱的东西，是一根能思想的苇草。用不着整个宇宙都拿起武器来才能毁灭他，一口气、一滴水就足以致他于死命了。然而，纵使宇宙毁灭了他，人却仍然要比致他于死命的东西高贵得多，因为他知道自己要死亡，以及宇宙对他所具有的优势，而宇宙对此却是一无所知。

因而，我们全部的尊严就在于思想……

能思想的苇草——我应该追求自己的尊严，绝不是求之于空间，而是求之于自己思想的规定。我占有多少土地都不会有用。由于空间，宇宙便囊括了我并吞没了我，有如一个质点；由于思想，我却囊括了宇宙。

思想——人的全部尊严就在于思想。

看来,人之所以伟大,之所以高贵,就在于人有思想。

在人们看来,思想更决定着我们的命运,看"思"和"想"的造字就能发现这个规律。

"思"和"想"下面都是"心"字,说明都是"心"的结果,是"心田"和"心相"的共同体。国学中所谓的"相由心生""境由心造"说明思想是改变命运的源头。

为什么这么说呢?

一个人如果内心善良,时时刻刻都想着他人,想着断恶修善,他的面相就会越来越和善,而这又会带来更多的善缘,这个人的命运就会更好。

反之,一个人如果内心阴暗,天天琢磨着如何算计别人,他的面相就会越来越丑恶,越来越凶狠,而这必然导致他的境遇变坏。这就是"有心无相,相由心生;有相无心,相随心灭"。很多人年轻时不以为然,但随着年龄的增长、阅历的增加,会越来越明白这个道理。所以人的尊严在于思想,人的命运更在于思想!

第三章 思想,合格员工的"一个核心"

第三节
员工的思想,源于企业的规律

员工也是人,是人就有人的全部特点,就跳不出我们所谓的人性善恶循环圈。

员工又有自身的特点,还是企业人、职业人、职场人。"人在江湖,身不由己",在哪座山唱哪首歌。既然在企业,就要尊重企业的规律。

企业的规律是什么呢?

首先要说企业是什么。企业就是以营利为目的的组织,不以营利为目的的是慈善机构。当然,营利必须正当合法,不许违法,比如要照章纳税。

既然要营利,那么,员工的思想,就要围绕"营利"两个字。偷懒不行,耍滑不行,不负责任不行,马马虎虎不行,要遵循企业的制度,认同企业的文化。员工的思想必须积极向上,正面阳光。也就是说,员工的思想首先要具有积极性!

另外,员工在一个组织内部,所以员工的思想就必然要有整体性。单打独斗的年代早已过去,员工必须讲究组织纪律,讲究团队精神,讲究协调配合。

再者,企业是一个国家创新的主力,员工的思想必须具备先进性。我们倡导积极的员工思想,就是希望以此推动中国的企业不断发展壮大,走向世界。

员工的思想不能虚，得是实实在在的，是为了企业服务的。上面所说的积极性、整体性和先进性，是员工思想的基本特点，更来源于企业自身的规律。

我刚进入企业时，积极进步，不辞劳苦，但后来遭受了一些打击，就不思进取，开始怨天尤人，甚至破口大骂，大混特混了。这是思想病的症状。当时我没有意识到这一点，只是大发牢骚，从来不反思自己是不是思想出了毛病。在企业里，这样做既影响了自己的业绩，又影响了其他人的思想，尤其是那些比我年轻、比我职位低的员工们的思想。自己不思进取，导致部门工作原地踏步。甚至是为了做而做，更别说创造业绩了。所以说，员工的思想缺乏整体性，会给企业带来不可估量的损失。

总之，员工的思想不只是自己的，它依存于企业，服务于企业。所以，员工的思想必须遵循企业的规律，必须积极、阳光、正面，更要有整体性、创新性，为企业盈利做出贡献。

一句话，员工的思想，要遵循企业的规律，要服务于企业！

第四节
思想是一面镜子，映照善与恶

唐太宗说过："以铜为镜，可以正衣冠；以人为镜，可以明得失。"其实，每个人的思想都是自己的一面镜子。

据说，一个女人每天平均要照30遍镜子，一个男人也要照好几遍。为什么呢？怕脸上有脏东西，怕丢人。可是，如果你的思想、你的内心有脏东西了，你敢给自己的内心照镜子吗？

最能反映思想是否丑恶的，是在思想的深处。即便是一个谦谦君子，他的思想也有肮脏的一面；即便是一个粗鄙的村夫，他的思想也很可能有纯洁高尚的一面。这就是思想的价值。

说一个禅宗的经典故事。五祖弘忍为了传衣钵，特命众人写一句偈。神秀大师写道："身是菩提树，心如明镜台。时时勤拂拭，勿使惹尘埃。"慧能不会写字，就让一位居士帮忙写："菩提本无树，明镜亦非台。本来无一物，何处惹尘埃？"弘忍一看，此人深得禅宗心法，于是将衣钵传给慧能，他就是历史上非常有名的六祖慧能大师。他不会写字，却流传下来很有名的《六祖坛经》。

神秀大师的偈其实更适合于我们普通人。身是菩提树，心如明镜台。时时勤拂拭，勿使惹尘埃——我们的思想就像明镜台，本来很干净，但随着环境的变化，沾染了很多的尘埃，我们要经常擦拭才行。

思想就是一面镜子，现代社会很多员工的思想镜子被污染了。我们要先把它擦干净，然后经常拿出来照一照。那么，我们应该怎么照镜子呢？就是看看你的所思所想：

是善还是恶？

是对还是错？

是有利于企业还是有害于企业？

这世界不外乎这几个词：善恶、是非、利害。如果你的思想中的善越来越多，对就会越来越多，利就会越来越多，那么，你就合格了。在员工的工作中，如何区分善与恶？

善，就是好，就是发自内心为他人好。利他者为善，关键是这个"他"指的是谁？

"他"指的是企业。你的所思所想是不是完全为了企业？这是善的评价标准。

"他"还指机器设备、厂房等。你工作的一切是不是为了这些设备好，为了产品好？

"他"指的是老板和同事。你的所思所想、所作所为是不是为了老板好，为了同事好？

另外，还有客户。你的所思所想、所作所为是为了客户好吗？

善的，就是对的，就是有利的，就是积极正面的。凡是对企业好的、对机器设备和厂房好的、对老板和同事好的，对客户好的，就是善的！

那么，相对应的，恶的，就是错的，就是有害的，就是消极负面的。凡是对企业不好的、不利的，对产品质量、品牌形象、机器设备不好的、不利的，对老板、同事不好的，对客户不好的，就是恶的！

思想这面镜子，就是一面照妖镜，能照出人性的善恶。我们每个人都有这面镜子，但真正敢于经常拿出来照的人，不是很多。所以说，要想成为合格的员工，必须把自己的思想这面镜子擦拭干净，然后经常拿出来，照一下自己的善恶！

第五节
合格员工的思想要求：断恶修善，追求至善

有一句不算名言的名言：人最大的悲哀，就是做了一辈子自己不喜欢的工作；人最大的失败，就是忙忙碌碌到死，一事无成。

我认为，人更大的悲哀和失败，就是一辈子没有思想，没有找到自我。

那么，员工应该培养什么样的思想呢？关于这个问题，很多人在不同的场合，从不同的角度，说了很多。要我说，就是一个字：善。

上一节我们说了，善的就是好的，就是对的，就是有利的，就是积极的，就是正面的……工作当中，能够断恶修善，追求至善，完善自我，你就是一个合格的员工，假以时日，你就会成为一个优秀的员工，甚至是一个卓越的员工。

人生就是断恶修善、追求至善的过程。对于员工来说，工作是人生的一大部分，很多人和同事在一起的时间远远多于和家人在一起的时间。尤其是当下的一线城市，工作越来越紧张，竞争越来越激烈，压力越来越大。

我曾经在北京工作过近一年。每天上班时，需要先走10分钟，然后坐公交，再坐地铁5号线倒2号线——从住的北五环到工作的东二环要一个半小时。后来一打听，我这一天有3个小时在路上的情况在北京算是时间

短的。除了漫长的通勤时间，还有房租、水电费、激烈的职场竞争，总之，每一个员工都像一个陀螺，不停地旋转着。后来我不堪重负，又回到了家乡，起码上下班没那么远了。

我们如何离苦得乐？如何找寻自我？或者说如何成为一个合格的员工？如何得到公司和老板的尊重？答案就是树立善的思想，在工作中断恶修善，追求至善。

这其中的道理其实很简单：越是竞争激烈，越是压力巨大，我们的心态越容易扭曲，越容易变得消极负面。这时候，如果没有一个正确的思想作为支撑，员工很容易变得颓废甚至崩溃。

我们如果把很苦的工作当成对自己的磨炼，当成一种修行，那么我们就有了前进的勇气和动力，就能在工作中断恶修善，追求至善，不断完善自我。那么，我们就一定会受到企业的重用，自己的职业生涯一定会因此而辉煌。幸福快乐与权力、金钱的关系并不大！人如果不能从精神层面、心灵层面找到工作的价值，找到人生的意义，那么，无论多高的职位，无论多高的薪水，都无法让自己幸福快乐！

关键是，我们如何在实际工作中断恶修善，追求至善呢？会不会很难呢？我可以负责任地告诉大家，一点都不难。工作中的善，都是我们应该而且必须做的一些事情，是最起码的要求。也就是说，我们只要做好了日常工作，就足够了。

下文我们要详述的是：在企业里，员工具体要怎么做，才能成为合格的员工。值得注意的是，合格员工的基本条件，是有正确的思想。

正确的思想是什么？一个字：善。

YUANGONGXINFA
HEGEYUANGONGDEXIULIANZHILU 4

第四章
健康与精神：合格员工的"两个关键点"

思想要飞翔，需要两只翅膀，缺一不可。这两只翅膀，就是身心健康和职业精神。身体健康，心理健康，是合格员工应具备的最基本的条件。在这个基础上，培养职业化的意识、素养、道德和技能，更是一个合格员工的必备条件。

让我们展开隐形的翅膀，关注自己的健康与精神，向着合格员工的目标飞翔！

第一节
身心健康：健康是1，其他一切都是0

1. 职场亚健康：不容忽视的职场顽疾

很多人会疑惑：只有身心健康的人才能成为一个合格的员工？当然，我不是医疗专业人士，最多是一个中医养生爱好者，仅仅从个人的认识谈谈健康。

虽然我不是大夫，但试问天下哪一家企业，哪一个老板，会喜欢病恹恹的员工呢？大多正规企业，员工入职时都要进行体检，尤其是食品餐饮企业。

还记得那句话吗？健康是"1"，财富、地位、名誉等都是后面的"0"，没有这个"1"，后面的"0"都没有任何意义！

健康是指一个人在身体、精神和社会等方面都处于良好的状态。

在我们的传统观念里，无病即健康。但事实并非如此。对于健康，世界卫生组织给出了新的定义：健康不仅仅是躯体没有疾病，还要具备心理健康、社会适应良好和有道德情操的条件。在这个意义上，现代人的健康不仅包括躯体健康，还包括心灵健康、智力健康、道德健康、环境健康、社会健康等。

健康是我们的权利，也是我们生命中非常重要的财富。所以，我们有必要对照世界卫生组织衡量健康的十项标准来检视自己是否健康。十项标准内容如下：

（1）精力充沛，能从容不迫地应付日常生活和工作的压力。

（2）处事乐观，态度积极，乐于承担责任，不挑剔。

（3）善于休息，睡眠良好。

（4）应变能力强，能适应环境的各种变化。

（5）能够抵抗一般性感冒和传染病。

（6）体重得当，身材均匀，站立时头、肩、臂位置协调。

（7）眼睛明亮，反应敏锐，眼睑不发炎。

（8）牙齿清洁，无空洞，无痛感；齿龈颜色正常，不出血。

（9）头发有光泽，无头皮屑。

（10）肌肉、皮肤富有弹性，走路感到轻松。

那么，您符合几条呢？是否有一多半不符合？

不看不知道，一看吓一跳。很多员工，尤其是所谓的白领，精力不够充沛，每天昏昏沉沉；不乐观，天天抱怨；晚上睡不好觉，失眠多梦；经常感冒；体重不达标，要么太胖，要么太瘦；眼睛浑浊灰暗；脸上长满痘痘；早早地长出白头发，或者经常掉头发……

为了自己今后的生活和工作，赶快为自己的健康加油吧！

2.亚健康状态

目前的职场，亚健康者，十之八九，尤其是白领员工。这可不是耸人听闻。看一下我们的数字：

全国高血压患者超过2亿；

全国糖尿病患者超过1亿；

全国脂肪肝患者接近1亿。

至于说，情绪不好，心理焦虑，失眠多梦，脾胃不好……这样的人太多了！

即便体检没有什么异常，也有很多员工每天不是这里难受，就是那里难受。这统统被归为亚健康。其实，亚健康就是亚疾病，就是中医常说的"将病"。

我们的企业里还有很多的胖子，他们上个楼梯都气喘吁吁；再看看待在写字楼里的白领们，更是普遍精力不济、面色灰暗。

上面这些都是亚健康状态！亚健康不仅仅给个人带来身体的不适，也给企业带来了"亚健康状态"！试想一下，如果大多数员工精力不济、状态不佳，企业哪里会有好的业绩？我相信，任何企业都需要生龙活虎、精力充沛的员工。但现状恰恰相反。因此，健康问题需要引起全体员工、全体企业、整个社会的重视！

3. 健康的四大基石

很多年前洪绍光教授出版过一本书，里面谈到了健康的四大基石，我记忆深刻，也按照这个进行自我要求：

（1）良好的睡眠

人可以几天不吃饭，可以几天不喝水，但是人如果几天不睡觉，就会挺不住。我们很多人，如果一宿没睡好觉，脸色就会明显变得难看。

睡眠重要，可是偏偏很多人睡不好觉。我问过身边的朋友，睡眠良好的，也就十之二三，大多数人都睡不好。有的是睡不着，有的是睡着后总做梦。总之，睡个好觉成了很多人的奢望。

长期休息不好，怎么会有精力工作？好多人早晨开会就哈欠连天，下午更甚。你要一问，百分之百昨晚没睡好。

为什么呢？就是很多人在能够好好睡觉的时候，不珍惜，天天熬夜。

第四章 健康与精神：合格员工的"两个关键点"

我原来做销售的同事就是，每天上网，非等到晚上一两点才睡，结果呢，现在想早睡也睡不着了。

怎么办？放松心情，读读轻松的文章，听听悠扬的音乐，适量运动，泡泡脚，喝牛奶等。

（2）丰富的营养

丰富的营养，不是像我们说的"什么好吃什么"，而是"需要什么吃什么"。人体需要平衡的营养，而不是天天大鱼大肉、鲍鱼龙虾。你以为吃得好就有营养了？其实很容易得一身病！一位朋友，有钱，天天吃海鲜，还爱喝啤酒，没过多长时间就得了痛风。后来，他不是改掉自己的毛病，而是四处寻找特效药，甚至进口药，结果也没有什么好效果。

其实，目前很多人不缺营养，而是营养过剩。因此我们应该多吃素食，多吃蔬菜、水果、粗粮。

（3）适量的运动

有人说生命在于运动，也有人说生命在于静止。实际上，生命来自适量运动。很多员工朋友意识到了运动的重要性，但又将其放大了，结果过犹不及。健身、羽毛球、自行车，这些项目都不错，关键是不要过量。

我的一些同学酷爱打羽毛球，一打就是两个多小时，出一身汗，然后就去喝大杯的啤酒，吃烧烤，还大喊着痛快。其实这是非常有害的。为什么呢？40岁以上的人，骨骼和各方面机能已经不适合剧烈运动，很容易受伤，逞一时之强，会给关节等带来伤害。有一个女同学就是，去年两条腿突然特别疼，看遍了医院，中医西医，针灸按摩，怎么也不管用。她平时就是喜欢打羽毛球，打羽毛球时总是过量。结果呢？无形中对身体造成了损害。

那什么运动好呢？慢跑和快走。只要条件允许，饭后一小时我都会走15分钟以上，这样既能降血糖，又能防止长胖，是最简单易行的运动方式。

（4）乐观的心态

研究人员分析了世界上数百名超过 100 岁的寿星，他们有男有女，来自各个阶层、各个民族，生活经历各异，饭食习惯不同，可以说是千差万别。他们唯一的共同点是：快乐，都有乐观的心态。

可是，对于很多人来说，最难得的就是乐观的心态了。为什么呢？压力太大。每天起早贪黑，上班下班，加班加点，挨老板骂，被领导说，被客户烦，哪里还乐观得起来？

这就涉及心态的问题。看见半杯水，悲观的人会说：就剩半杯水了，哪里够喝？乐观的人会说：太好了，还有半杯水。这个小故事人人都知道，却很少有人能做到真正的乐观。

其实，很多压力和痛苦的根源在于欲望太多。每天就想着升职加薪、买房买车、攀比。工作成了挣钱的工具，成了攀比的道具。员工没有享受工作本身，工作时自然不会快乐。

如果我们想着在工作中不断完善自我，那我们就会珍惜工作机会，看透工作本质，敬业工作而非互相攀比，心态自然会慢慢变好。这就是我们要倡导的"说正面的话，做积极的事，爱身边的人"。

4. 警惕"将病"状态

（1）健康的意识

孟先生是我的一位老领导，几年前去世了。孟先生曾是一位高管，年薪几十万，但工作压力大，有能力，有水平，有才华，偏偏没有"健商"。买新车不开窗，住新房不通风，抽烟喝酒……不健康的因素他全占了。有一年，孟先生发现自己身上有皮肤紫斑，但他并没有在意，只是自行抹了抹皮炎平。半年后体检，他的血小板不到 1 万了，大夫大惊，赶紧安排他

第四章 健康与精神：合格员工的"两个关键点"

住院。人家问他，你没关注过自己的身体吗？怎么一点儿常识都没有？连同病房的一个农民朋友都知道这种情况得赶紧找大夫，及时治疗，他却拖延了近一年。

后来，他转去了北京协和医院，用尽了办法，最后还是不幸去世。我们非常悲痛。可是，又有多少员工朋友不是像孟先生那样呢？世界卫生组织有一句名言："人们不是死于疾病，而是死于无知。"

所以说，提高健康意识很重要。朋友们要千万警惕。

（2）新型的职场病

大多数员工都有这样那样的职业病，只是轻重不同。国家也有职业病防治机构。

但是，很多员工对此并不在意，不知不觉中就失去了健康。

以下是几种常见的病症：

①压力病

企业员工常说的一句话就是"压力大"。当我看到很多20多岁的朋友竟然满头白发时，我很痛心。为什么呢？因为这种现象在过去是很少发生的。这是一种病，俗称"少白头"。可现在，它成了一种常见的现象。为什么呢？因为压力大。无论是一线员工、中层领导，还是高管，每一个人都感觉压力巨大。尤其是2020年，疫情影响了所有企业，所有的职场人士都不容易。很多员工朋友们都有头发花白、面色灰暗、睡眠不佳、身体不适、肠胃不好等症状。

适度的压力对人体有好处，但长期的过大的压力会损害人体的健康。不知读者朋友们有没有这种感觉，就是我们的身体总是处于一种紧张的状态。如果有，不妨跟我一起调整。闭上眼睛，想象一下高山流水，放松你的肩膀，放松你的后背，放松……

记住，每天适度放松，对缓解压力很有好处。高明的专家学者对解压有很多的办法，然而世界上没有所谓的最好的方法，只有最合适的方法。找到一个最适合你的解压办法，就是胜利。可以听音乐，可以下围棋，可以找朋友聊天，可以到超市购物，可以到野外郊游，可以到KTV乱吼……只要对身心有益，就可以尝试。

②肠胃病

我感觉最深的，就是很多员工，甚至他们的孩子，都不好好吃早餐，午餐也基本凑合。晚上回家，要么凑合，要么大吃大喝，总之就是不健康。有一句话说得好：早晨要吃得像皇上，中午要吃得像王子，晚上像乞丐。就是说早餐最重要，其次是午餐，晚餐一定要少吃。古代人都是"过午不食"，可是看看我们的员工，早晨要么不吃，要么凑合，拿个煎饼果子到办公室随便吃点儿。一次半次没有问题，时间一长就会缺少维生素。要知道，吃饭不定时，早晚得胃病！

为什么会这样？原因其实很简单，就是一个字：懒。我们的员工太懒，起得晚，不愿意自己做饭。我这些年一直坚持早起，当然也是为了给上学的女儿做饭。每天6点起床，煎鸡蛋，热牛奶，烤面包，再加上一点生菜，多好啊。你会说，我哪儿有时间？我也很忙，只是我晚上睡得比较早。只有早睡觉，才能早起。有些朋友半夜两三点睡觉，怎么可能早上6点多起来做早饭？所以说，万事万物皆有因果。

③肤色病

我不知道你仔细观察过没有，员工的脸色，普遍不正常。原来的中国人，或者说早些年代的中国人，是"面有菜色"，因为营养不良。但是，现在呢？不是没营养了吧？天天吃好的，可是你看：男人普遍脸色发暗，或者发红——发暗是脾胃不好，发红是心血管不好；女人的脸普遍没血色——心血不足，所以气色不好；还有些朋友满脸长疙瘩——压力大导致脾胃不好，睡眠不好，虚火上炎。

总之一句话，看自己的脸色。黑，代表肾不好；白，代表肺不好；黄，代表脾胃不好；红，代表心脏不好；青，代表肝不好。古代有面诊，也就是望闻问切中的"望"。大家可以没事的时候学一些中医的常识，只有好处没有坏处。

5. 跟中医学养生

什么是养生？就是保养生命。养生是中医的一个很重要的方面，也就是我们常说的"上医治未病"。很多员工朋友一看这个标题，就觉得养生应该是中老年人的事情，自己年纪轻轻，养什么生啊？这个观点不正确。其实，养生是从小到大都要注意的。它实际上是一种健康理念，甚至是一种人生态度。

我在37岁以前，根本不知道什么是养生。体检年年做，指标都正常，虽然人挺瘦，但比较健康。每天吃吃喝喝，大块吃肉，大碗喝酒，好不快活。没觉得有什么不对，也没觉得有什么不好。生活不就是这样吗？直到2008年，一体检，结果血糖偏高。虽然没到糖尿病的地步，但已经让我觉得很可怕。我开始天天上网查找资料，结果越查越害怕。当时的心情，真的很差，尤其是工作也不顺，家庭也不和。后来自我调整，心态慢慢变好，工作和家族也慢慢变好，可是血糖还是高啊。我开始自己研究经络和一些中医的理念，自然也就接触了很多对此有研究的人。从那时起，我就开始"管住嘴，动起腿"，每周去做两三次经络按摩。结果第二年一体检，血糖恢复正常了。我很高兴，也很自信，为什么呢？您要记住一句话：最好的医生是自己！

谁能比你更了解自己的身体和心态呢？所以说，有身体或心理的不适，恕我直言，基本上就是生病了。得了大病，我们自己早有感觉，只不过很多人都不在意，就像我前面说的老领导那样。很多人都没有关注过自己的身体，没有倾听过它的声音，直到身体有了毛病，才开始后悔和害怕，才开始养生，可是这时候往往晚了。很多人是白领、金领，甚至精英人物，在健康方面却是一个"小学生"。更有人"明知山有虎，偏向虎山行"，仗着自己年轻，不好好爱惜自己的身体，导致很多悲剧的发生。有缘看到这里的读者，真心希望你能珍惜自己身体。

继续说中医养生。关于中医养生的书，市面上有很多，什么经络养生、饮食养生，什么太极拳、五禽戏，林林总总，五花八门。但是，请记住中医养生第一书《黄帝内经》的一段话：

乃问于天师曰：余闻上古之人，春秋皆度百岁，而动作不衰；今时之人，年半百而动作皆衰，时世异耶？人将失之耶？

岐伯对曰：上古之人，其知道者，法于阴阳，和于术数，食饮有节，起居有常，不妄作劳，故能形与神俱，而尽终其天年，度百岁乃去。

今时之人不然也，以酒为浆，以妄为常，醉以入房，以欲竭其精，以耗散其真，不知持满，不时御神，务快其心，逆于生乐，起居无节，故半百而衰也。

夫上古圣人之教下也，皆谓之虚邪贼风，避之有时，恬淡虚无，真气从之，精神内守，病安从来。

这是黄帝与岐伯的一段对话，揭示了养生的道理。大致意思是这样的：

黄帝问岐伯：听说过去的人都能活百岁，而且行动起来没有衰老的样子，可是现在的人活到五六十岁行动就已经见衰了。这是人的原因呢，还是天道的原因呢？

岐伯认为，古代的人们，懂得天道的规律，做什么事都遵从这个规律。比如饮食很有规律，日常起居也很讲究，不妄加劳作，所以可以长寿。现在的人呢？喝过量的酒，天天妄想，不知道节制欲望，不养神气，天天放纵自己，所以才五六十岁就衰老了。

所以说，古代的圣人都很讲究养生，懂得规避邪气，内心淡然，心情平和，节制欲望，精神饱满，怎么会得病呢？

几千年前是这样，几千年后还是这样。我们的社会变了，科技进步了，可是身体的作息规律、生长规律不会变。所以还是要遵守养生的理念——恬淡虚无，还是要从生活方式和心态上调养。其他的都是"术"，是方法和手段，而不是目的。试想，一个人虽然天天练这练那，但是一天到晚不是发脾气，就是生闷气，身体会健康吗？所以，世上万事万物，必须从心出发，工作上是这样，身体上更是这样。这是一切的基础。

我见过很多员工，貌似很懂养生，比如早晨空腹喝水，每天八杯水，吃保健品，练瑜伽，要不就是健身打球，可是控制不住自己的情绪，一天到晚着急上火。这样的身体怎么可能会好？所以，一定要保持心态平和。

当然，有些读者会说，我能平和吗？我要升职加薪、完成任务、加班加点，怎么可能恬淡虚无？正因为这样想，你才压力巨大和心态不平衡。人生匆匆，物质无止境。人之所以痛苦，就因为物欲太多，看不开，放不下。在这个物欲横流的时代，谁先看开，谁就是赢者。不是说争名逐利不好。人生本该奋斗，但是得问一下自己这样做是为了什么。要知道，名利是表象，而不是本质。我们只要不断完善自己，名利自然会来。对一切看淡看轻，内心自然平静。

中医养生讲究的是阴阳平衡，我们所提倡的恰恰是和谐和平衡，过犹不及。心态要平衡，身体要平衡。我们不是养生专家，更不是中医大师，但作为普通人，适当看一些中医养生的书还是有好处的。

没有体力，就没有精力；没有精力，就没有能力。身体健康都保不住，如何做一个合格的员工？

第二节
职业精神，员工普遍缺乏的东西

1. 职业精神，决定职业化程度

说起职业精神，先说说职业化。最早了解这个词，是我还在上大学的时候。那时候的中日围棋擂台赛，聂卫平九段大胜日本数名职业棋手。当时我就想，这棋手还分职业和业余？

李娜是中国第一个自己选择做职业选手的人。她成功了！为什么？就是因为她的职业精神和职业行为。

李娜，一个曾经的叛逆者，因为对网管中心不满而选择"单飞"——不要国家一分钱，自己请教练（老公姜山），自己请经纪人。参加各种巡回赛，从最低级别打起，16强，8强，4强，直至得到"法网"的冠军。自己养活自己，还给国家上缴了很多的税，她是一个真正的职业选手。可以说，李娜为我们展现了职业选手的风范。

体育职业毕竟不是我们这些普通老百姓能做的，还是说回到我们的企业。我国有几亿员工，分别在各种各样的企业中工作，但又有多少人知道

第四章 健康与精神：合格员工的"两个关键点"

"职业精神"这个词？以前我就发现一个问题，就是有些员工的职业素养很差。

记得我小时候到商店买东西，那时候商店都是国营的，营业员那个牛啊，对顾客爱搭不理。为什么？供小于求。现在进入市场经济时代了，营业员的服务态度大为改观，可是，也并不是没有问题。

我们常见一些员工"横眉冷对千夫指"——你投诉？爱咋地咋地。你说管理不到位？也不尽然。比如有个人平时表现不错，但有一天晚上和对象吵架了，心情不好，结果第二天正好碰上一个挑剔的顾客，一言不合，两人吵将起来。即使重重惩罚他，开除他，也没意义了，因为企业的声誉和品牌形象已经受损了。所以，管理只是基础，培训员工，使其拥有最起码的职业精神、职业道德和职业操守，才是关键。

现在很流行"职业经理人"这个词。很多高管自称职业经理人，却是"有其名无其实"。想想，你的思想，你的行为，够职业吗？

为什么要提倡职业精神？就是因为不提倡职业精神，我们的企业就不是真正意义上的企业。如果我们的员工还没有这个意识，我们的企业将无法与国外优秀的企业竞争。一群没有职业精神的员工生产的产品，能让别人信服吗？一群没有职业精神的员工提供的服务，是真心的服务吗？

2. 干什么就要像什么

职业精神这个词，还真没有什么确切的定义。企业员工也都普遍不职业，没有职业精神！那么，我们暂且给职业精神下一个定义，就是：干什么像什么！

干什么像什么，说着简单，真正做起来太难了。作为消费者，我们到各种消费场所,享受到的各种服务,是否很职业呢?比如我们去吃饭,服务员衣冠不整,态度冷淡,语言生硬,你会对这家饭店产生好印象吗?你催促一个菜,她张嘴就说:"马上。"结果半个小时也没上来。当你怒发冲冠,大喊着菜再不来不结账时,菜才端上来——此时你已经吃饱了。试问,这种服务员的做法叫职业吗?

有一回,我去一家办理档案和社保的服务公司,正赶上下午刚上班。这家公司在一栋两层建筑中办公,我一进门,就看见一个小姑娘在打电话。我等了很长时间,耐心地等着,直到她打完了,我才问她,社保在哪里办?她一指楼上,我赶紧去楼上。楼上倒是坐了很多办公人员,可是问谁都不回答我。后来终于有个人说,你的事情要在楼下办理,我的气便不打一处来。

等我走下楼时,楼下已经有另一个咨询的人了。我刚好看见那个小姑娘正黑着脸质问那个咨询的小伙子:"什么,你这个单位找不到了?你是哪里的?你的关系不好办啊……"等了半天轮到我了,小姑娘依然态度生硬、语气冷漠,我忍了再忍,最后哈哈一笑——我不在你这里办了。她好像跟没事人一样:"随便!"

各位,我当时最大的一个想法就是,我得给他们老板打电话。这是什么公司啊?这老板还懂管理吗?这企业能好吗?后来想了半天,算了。

类似这样的企业很多,类似这样的员工更多。只要在一定的位置,不管你是不是领导,你都有一定的责任。俗话说得好:拿人钱财,与人消灾。我们是员工,挣着工资,我们就应该做到合格,起码的合格。合格的员工对待客户能是这个样子吗?

所以我说,这就是没有起码的职业精神。回到前文,什么是职业精神?最起码得干什么像什么,干什么吆喝什么吧?最起码得负责任吧?最起码得敬业吧？

一个员工，无论你从事什么样的行业，是什么样的专业，在什么样的公司，你都应该做一个职业化的员工。你在一定的位置，负责一定的工作，你就得担负一定的职责，你就应该展现出与这个位置相一致的形象、举止和行为。进一步说，就是拥有与之相对应的思想意识、职业道德、职业操守。这就是所谓的职业精神。

3. 职业化不是说出来的，而是做出来的

职业精神是干什么像什么，所以首先要从外表改变自己。我们都知道工作服，都知道要穿职业装，这就是起码的职业外在形象——首先让人家一看就知道你是做什么的。比如警察，比如空姐，比如服务人员的工作装……原来有一个笑话：在公共场所，不管天气多么冷或者多么热都穿着一身西服的，一定是做保险的！这是我几年前听到的笑话，现在很多行业的销售人员也都这样了。无论这身西服穿得对不对，最起码给人家的感觉是：你是专业的，是职业的，是尊重客户的。这就是外在形象。试想一下，你去一家饭店，服务员穿着五颜六色的衣服，什么样的都有，你会怎么想？张口就是方言土话，你会怎么想？服务不满意，刚说两句，对方就态度蛮横，你会怎么想？……就是一句话：不职业！

所以说，要培养职业精神，就要先从提升外在形象做起。我们都知道很多行业都规定员工要穿职业装，这是职业化的第一步。但是我发现，有些员工做得很好，有的员工做得真是不够好。就说保安吧，有些人真的很精神；但也有少数歪戴着帽子，卷着裤腿，甚至脱了上衣，打着赤膊，晃荡着走路。像什么样子？就像电影里的土匪一样，这不是给企业抹黑吗？这样的企业能好吗？

培养职业精神的关键还是第二步：练好内功。什么是内功？我们不止

一次提到内功，其实内功就是思想和态度。思想决定态度，有什么样的思想，就有什么样的职业态度。你知道为什么要做到职业化吗？你知道为什么要有职业精神吗？就是要转变思想，树立职业化的思想。

转变思想，上文我们已经有所描述。无论在哪一个行业，从事哪一个专业，在哪一家公司，担任何种职务，你都需要树立职业化的思想。也就是说，你要经常问问自己，你的思想、你的态度、你的行为符合这个职位、这个工作的要求吗？符合职业化的要求吗？每日三省吾身，我们可能做不到，但是，三日一省吾身总该可以吧？这样不断严格要求自己，就可以逐步达到职业化的要求了。

但是，大多数员工往往有一种想法，那就是：我做得够好了，有人还不如我呢。这是典型的故步自封，我们为什么不对照工作的标准要求自己？为什么不向最优秀的员工学习？为什么只和比自己差的员工做比较？那不就是"五十步笑百步"吗？自己的职业生涯自己做主，别人能够代替你吗？

在笑话别人的时候，我们可曾反思自己是否足够职业？

所以，我借这个机会，呼吁各位员工朋友：用职业化的思想武装自己的头脑，用职业化的态度对待工作，在日常工作中注意职业仪表、职业语言、职业行为、职业操守等。其实很多公司的制度都很合理，关键是我们的员工如何去做。职业化是实践出来的，但愿我们中国的员工都尽快职业化。

YUANGONGXINFA
HEGEYUANGONGDEXIULIANZHILU 5

第五章
合格员工要翻越的"三座大山"

我们要成为合格的员工,就要翻越"三座大山"!"三座大山"即为什么工作?为什么在你服务的企业工作?为什么要在你服务的企业努力工作?不翻越这"三座大山",谈何合格?无限风光在险峰,让我们一起出发吧!

第一节
你为什么要工作

为什么要工作呢？恐怕一百个人有一百个答案。当然，真要分分类，也好划分。古语说得好："天下熙熙皆为利来，天下攘攘皆为利往。"很多人生活在这个世界上，工作无外乎就是为了两个字：名、利。目前的社会，人们好像为名也为利。再说穿了，说白了，很多人活一世，就是一个字：利。通俗一点讲，就是——钱。

这个有错吗？没错！不仅没错，还绝对真实。我辛辛苦苦写这本书也是为了钱。

别说咱们这样的老百姓为了生活而打拼，即便是一些大老板，也一样的辛苦。

比如李嘉诚，华人首富，一百辈子都不愁吃喝。看看人家是怎么工作的。

李嘉诚小时候是一个典型的苦孩子——父亲早逝，为了养活母亲和弟弟妹妹，15岁就出来打工，19岁开始做业务员。凭着吃苦耐劳，他很快就成了塑料花厂的总经理，几年后自己开始创业。他几十年如一日地辛勤工作，终于打造了自己的商业帝国。有人问起他的成功经验，他说："我在创业的初期，百分之百地依靠勤奋，而不是运气。"他做过很多份工作，每一份工作他都要做到最好。即便是做茶楼的伙计，他也比别人早来一小时；做推销员时，他最小，可是他的业绩却是第二名的七倍。

即便是拥有了亿万资产，他依然勤奋。无论每天睡得多么晚，第二天都是六点准时起床，每天工作十几个小时，几十年如一日。

有人可能要抬杠了：人家是老板，企业是自己的，不工作能行吗？我是打工的，我要是有了钱，肯定不上班了，多辛苦啊，多累啊。那好了，你看看格力空调董事长董明珠，一个36岁才开始做销售的女人，一个改变了空调行业的女人，够有钱了吧？为什么还工作？

看来工作还真不单单是钱的问题。

难道是为了权力？就像董明珠那样？我们无法知道这些名人内心的真实想法，但是，我们知道自己的。说实话，99%的员工还是在为钱而工作，因为我们需要维持生活，需要赡养老人，需要抚养孩子，给孩子一个良好的教育；我们要运动、旅游、娱乐……我们还要为自己存上一笔钱，以便安度晚年。

于是拼命赚钱。

我在上文说，工作就是一种修行。是的，没有错。但这个修行是要有酬劳的。就像那句俗话讲的：钱不是万能的，但没有钱是万万不能的！那么，对于工作，我们是否也可以这样类比一下：不为钱工作是不太可能的，但只为了钱而工作是万万不能的！因为如果仅仅为了钱，那么，一个人可能会不择手段拼命向上爬，打击报复，用手段，耍阴谋，再也不讲道德。这恰恰违背了我们"善"的思想，这就是在作恶。

我们到底为什么要工作呢？

首先，工作本身就是人类的需求。没有劳动，就没有人类的发展，是劳动改造了世界。从古至今，工作就像吃饭穿衣一样，也是人的需求。一个不工作的人，是不会被人尊重的。

有这样一个笑话：有一个大姐，她的家庭条件很好，老公挣钱很多，她完全可以做全职太太。但她的女儿说："妈妈，你得上班，别像邻居那几个阿姨一样天天打麻将。"大姐就问："为什么啊？"女儿很认真地说："我们学校经常填表，要填父母的工作单位和职务。我不能给你写个'打麻将'吧？"

捧腹之余，我们应认真思考一下。即便不缺钱，也不应整天无所事事，否则会闲得发慌。我女儿同学的妈妈，老公是房地产开发商，有的是钱，于是她选择当全职太太，每天的工作就是接送女儿上学、放学，其他的时间就是逛商场。一段时间后，整个人都没有了往日的精气神，还时常感到抑郁。

人不能太闲，否则容易生病。你看很多退休的老人，上班时很累很辛苦，却不生病；一退休，闲下来了，反而容易得心理疾病。所以好多人退休后都要找个事情干。

其次，工作本身是一个体现人生价值的舞台。人们通过工作展现自己的能力，这是一种精神上的追求。这就好比我们小时候，学习好了，得到小红花，得到奖状。然后，我们成年了，上班了，我们也会通过升职、加薪，通过完成工作，得到领导的赏识，得到公司的嘉奖，获得荣誉感。工作体现了人的重要性，体现了人的价值。

最后，当一个员工职位越来越高时，工作就是一种修行了。此时，钱不是问题了，精神追求也不是问题了，那为什么还要工作？就像一些著名企业家，他们工作为了什么？他们工作已经不再是为了自己，是为了公司，为了千万个员工和员工的家庭。他们有一种使命感、责任感。工作对于他们来说，就是一种不断向善的过程。

最后,赠给大家一个小段子:一大早被闹钟惊醒,证明你还活着;不得不爬起来上班,说明你还没有失业;收到一些微信,邀请你吃饭搓麻,说明你还有朋友;老板的话很刺耳,说明老板还关注你;衣服越来越紧,说明最近吃得不错;很想休假不被批准,说明还有很多事情离不开你……

想什么呢?开始工作吧!

第二节
你为什么要在这家公司工作

你为什么要在这家公司工作呢？还是10个人回答，但这回有11个答案了。有人会说："你问我，我问谁啊？投了简历，面试合格，就来了呗。"最多的回答："待遇不错，离家不远……"

为数不多的人是明确想进入某一家公司，然后通过努力才如愿以偿。绝大多数人都是上招聘网，按照自己的专业和想要的职位进行搜索，然后群发简历，哪一家公司给面试通知，就去哪家公司面试，最后比较待遇、地理位置等，决定去哪一家公司。

那应该怎么回答这个问题呢？我们可以尝试用这样一种思维来协助解决这个问题：你结婚了吗？如果结婚了，你为什么和现在的爱人结婚呢？你怎么没有找别人呢？

想当初，你也是"男大当婚，女大当嫁"，岁数大了，家里催得急了，就找对象——当然有一部分人是自由恋爱，在大学或者单位有了明确的目标，经过不懈的追求，终于喜结良缘。但据我所知，现在很多人都是靠各种关系介绍和途径才走到一起的。只不过不是过去那种两个人尴尬地待在一个屋子里相亲见面的方式，而是大家一起去吃饭、娱乐、旅游等，自然地进行交流。如果两个人结合了，那是缘分。千里姻缘一线牵，爱情、婚姻和家庭都是缘分的结果。

那么，工作是不是一种缘分呢？我看是。这个观点好像没有多少人说过，但我觉得是一种站得住脚的说法。很多时候，当我们无法解释一些事情时，我们喜欢将其归结于缘分、命运、机遇等这些看起来比较玄妙的东西。这不是迷信，也不是唯心主义。这个世界上有很多的东西我们无法解释。那怎么办？我们总要有一个说法。那我们暂且用缘分来解释吧。

你为什么在这家公司工作？

缘分——你和这家公司有缘。

俗话说得好，"百年修得同船渡，千年修得共枕眠。"假如你在一家企业一待就是几年，十几年，那你们最少也有500年的缘分。所以，我们要珍惜。

公司虽然不会说话，但是它有一种能够凝聚人心的内在力量或内在灵魂，就是企业文化。我接触过很多小的民营企业，没有知名度，工资不高，待遇也一般，天天加班加点，可是很多员工依然对其不离不弃。如何解释这种现象呢？我们无法走入员工的内心，只能通过他们的回答来猜测他们真实的想法。有的说，我去别的企业，没有这个位置，在大企业只能当个小兵，在这里我起码是个小领导；有的说，到哪里不是一个样，这里最起码有好几年的同事，有感情了；有的干脆直接说，习惯了，不愿意动。

看来，习惯稳定是不少人的天性。我还记得小时候，一说转学，我就特别害怕，就怕接触新环境、新老师、新同学。成年了也是一样，在一家企业做顺手了不容易，只要这家企业不是特别的不好，我估计大多数人不会轻易离职。

我就是一个鲜明的例子。大学毕业进入一家国企，做了三年就当了小领导。后来偶然听说一家大的外企（生力啤酒，那时候很有名，2020年关闭了）在招聘。那时候没有现在所谓的招聘广告，我少不更事，而且连一句外语都不会，于是让人代写了一份英文简历就去了。幸亏面试我的是一个外籍华人，用汉语面试，于是我很轻松地过关了。当然，那时候还要档案，而原来的国企不放我走，又折腾了小半年，才进了这家外企，工资一下子涨了近10倍。那时候真的是乐疯了。当时国企一个月工资是三四百元钱，而这家外企给我们这种督导的工资是3000元，你说是什么感觉？尤其是在保定这样的三线小城市。我在这家公司待了整整15年，把自己的青春年华都贡献给了这家公司。

我在生力（保定）啤酒有限公司做过设备工程师、机械督导、安全工程师、行政部高级督导、公关经理、客户服务经理、销售经理、市场经理等，但一直就是个中层干部，没有做过高管。8年前，我发现无法获得晋升，就毅然决然地辞职了。

当时很多人都说我疯了。也是，每月万元的工资，一年有15天带薪年假、10天带薪病假，优哉游哉地工作，非常安逸。在一个小城市里，这还不行？但我想的是，我40岁了，从事的是销售工作，岁数越大，越难有好的发展，所以必须转型。因为，企业哪有50岁的销售大区经理啊？即使有，也太少了。销售吃的就是青春饭，40岁的销售，必须考虑自己的职业生涯规划了。要么当老板，要么转管理，要么当老师，做咨询培训，于是我辞职了。

当我离开的时候，我的眼泪都快流下来了。我深深地热爱这家企业。我把人生中最好的15年贡献给了它，当然它也教会了我很多东西。直到现在，我在本地喝啤酒，还是只喝蓝星啤酒。只不过，现在生力公司没有了，一切都成了往事和回忆。

离开原来的企业很多年了，我还记得当年的一幕幕。每年我都会和原来的同事聚一聚，说说原来的人和事。人，怎么可能对自己所在的企业没有感情？

朋友，珍惜吧，你在这家企业，就是你和这家企业有缘——前世的缘分。我们都想进世界"500强"，都想进华为、格力这样的大企业，但是要有足够的能力才行。所以要明白，现在的企业就是对你最重要的企业。珍惜你拥有的工作，珍惜老板给你的工作机会，珍惜你的同事——好好珍惜，活在当下。

第三节
你为什么要在这家公司努力工作

  你如果仔细阅读了上一节,对现在的这个问题,就好理解了。请问你结婚时想过要离婚吗?肯定没想过。每对情侣都信誓旦旦地要地久天长,地老天荒,白头偕老。但很多的家庭却走向离异,劳燕分飞。那是因为,我们不懂得如何经营婚姻和家庭。

  我们在刚刚进入企业的时候,肯定也没想过要辞职。只是因为得不到应有的待遇,工作不顺心,与领导处不好,与同事不和谐等,由此导致心情不好,进而辞职。

  其实,绝大多数辞职者都不是主动离开,而企业也不能要求员工从一而终。问题是,如果你能像董明珠一样,经过20年的打拼,从业务员一路升到董事长,那你还会辞职吗?你该说了,董事长、总经理不就只有一个吗?可我得给你抬一句杠:那你怎么就不想做董明珠呢?再说了,副总经理、事业部老总、中层干部,职位多了,机会有的是,你应该问问自己,你怎么就不能得到提拔呢?

  还得说说我自己。我在生力公司的各个部门都做过,应该说我很出色,业绩很好,领导赞赏,同事也认可。尤其是在做大区经理的那5年,我的

第五章　合格员工要翻越的"三座大山"

业绩翻了两番,是全公司的销售冠军。可是我一直得不到晋升,还在2008年被冷落,像历朝历代的很多才子一样,没有得到重用。现在的社会,好就好在有很多的选择机会。于是我选择了辞职创业。刚辞职的时候,我怀着仇恨的心理。我认为自己得不到提拔,不被重用,是因为碰上了昏庸的老板和嫉贤妒能的领导。但是随着我接触的企业越来越多,学习的东西越来越多,心胸越来越宽广,我越来越觉得自己也有很大问题。我反思自己,原来我总是抱怨,顺境时骄傲自满,目中无人,口无遮拦;逆境时怨天尤人,满腹牢骚;每天用一两个小时把工作凑合完成,其余时间都在网上看小说。新来的领导是国外MBA出身,看我是老员工,又有才华,也不太敢管我。我也就自然地混了两年。直到后来我突然觉醒:我这么混,到底害的是谁呢?是公司?可能吧,但公司不缺我这样的人。是部门?也对,我在市场部的作用还是蛮大的,但市场部缺了我好像也没有什么。最终害的是谁啊?还是我自己。我混日子,把大好的青春浪费掉,不思进取,受害的不是自己又是谁?

所以我一下子清醒了,开始尝试改变。但那时的改变,还是只想着:是跳槽啊?还是辞职创业啊?抑或是上着班,做着兼职?总之,我没想过自己有什么不对。现在我开始想明白了:当初我之所以落到那个地步,就是因为我没有努力工作!——我没有在生力公司努力工作,所以一直没有得到提拔!

我没有努力工作吗?以前我肯定不承认——建厂的时候,每天上班12小时,还倒夜班,很辛苦。后来做销售,天天跑市场,想尽办法提升销量。业绩不是最好的证据吗?能说我不努力吗?

但是,我扪心自问,我真的努力了吗?——在业绩好的时候,我努力约束自己的行为了吗?我努力去维系和领导的关系了吗?我努力去和其他销售经理搞好关系了吗?……我没有!

在逆境中,我努力改变了吗?我努力去表现自己的才华了吗?我努力和新领导搞好关系了吗？我努力控制自己不抱怨了吗？我努力让大家看到我的积极了吗？……我没有！

我没有努力！

我没有足够努力！

所以我的结局就是这样。

所以，现在这个问题的答案就很简单了：你和这家企业有很深的缘分，你进入这家企业，你想在这家企业好好表现，得到提升，实现自我的价值，那么，你就必须努力工作。努力工作是企业对员工的第一要求，也是最起码的要求。努力为现在的企业工作，不仅仅是要求，更是自己作为合格员工的基本条件。

心猿意马，朝秦暮楚，混日子，做兼职，占便宜，贪污腐败……这对得起企业吗？对得起自己的良心吗？你拿着企业给你的工资，做着企业不喜欢你做的事，还发着牢骚，满口抱怨，能是合格的员工吗？我在很多企业见过这样的员工。

一位成功人士曾说："夫妻天天吵架，抱怨对方不好，还不离婚，是什么意思？"员工也是一样，不努力工作，天天牢骚满腹，各种抱怨，还不走，赖在企业，是什么意思？

所以，你要工作！你要努力工作！你更要为所在的企业努力工作！除非你不上班，不然无论去到哪家企业，你都得努力！"吃谁向谁"，我们挣着企业的工资，就得努力工作，否则就是不负责任！

总之，你现在的企业就是最重要的企业，你现在的工作就是最重要的工作！珍惜你的工作，努力工作吧！

YUANGONGXINFA
HEGEYUANGONGDEXIULIANZHILU 6

第六章
合格员工要渡过的"四条大河"

"三座大山"已经被你踩在脚下,你已经在向合格员工的目标进发!敢问路在何方?路在脚下!做一个合格的员工,哪里有这么容易?"四条大河"横在你的眼前,波涛汹涌,巨浪滔天。就像唐僧取经要经历九九八十一难,你必须渡过这"四条大河"!

反省河、改过河、积善河、谦德河,一条比一条更大更深,更难渡过!来吧,员工朋友们,我们一起努力!

第一节
反省河：反躬自省，打造最和谐的职场环境

1. 改变我一生的书：《了凡四训》

说到这里，我必须谈一下改变了我一生的一本书：《了凡四训》，书的封面上赫然写着"修福积德造命法"。这本书是我在逛书摊时偶然发现的，我当时正处于迷茫期，一看到命运可造、可改，赶紧买了回来。也许就是机缘吧，我一看内容，非常认同，后来连续读了很多遍。

《了凡四训》是袁了凡写给两个儿子的家书，分成立命、改过、积善、谦德四章。我根据《了凡四训》设计了本章的四个小节。要想成为合格的员工，必须做好四件事。

袁了凡，名黄，字坤仪。自幼丧父。母亲让他从小学医，以便有一技之长。有一天，袁了凡在山中采药，碰到一位世外高人，会算命。高人说他应该走仕途，去上学。他和母亲考了一下这位大师，结果大师说对了他们以前所有的事情，分毫不差。袁了凡和他的母亲认为，正所谓"从过去看未来"，今后的事情大师算得也一定不会差，于是让这位大师给算了一卦。大师说袁了凡命中无子，活53岁，能当个县令。在后来的10多年中，

袁了凡每次考试的名次和其他很多情况，都和大师说的一致。于是，袁了凡活得很淡然。

30多岁的时候，他游历南京栖霞山，和方丈云谷禅师面对面坐了三天三夜，不吃不喝不睡觉。云谷禅师大为惊讶，说，"你很厉害啊。"袁了凡说，"不是我厉害，是我什么也不想，因为想也没有用。我的命运都被算定了，我就该咋过就咋过吧。"

云谷禅师大笑道："我当你是豪杰，原来也是一个普通人啊。那我问问你，你为什么不能当大官？"袁了凡很老实，也很谦虚，说："当大官的都有福相。我福薄，又没有积福。我还不耐烦，不能容人，脾气暴躁，使小性子，随便说话，口无遮拦，不够稳重等，这些都是不能当大官的原因。为什么没有孩子呢？从心理上说，有洁癖，好发怒，珍惜名节，这些都是原因；生理上有三条原因：多言耗气，身体虚弱；喜欢喝酒，伤肝伤肾；彻夜长谈，不睡觉，身体太虚……"总之，袁了凡反省了自己的很多过错。

袁了凡是个老实人，也是个聪明人，有智慧。大师一开导他，他就开始分析原因，反省自己，所以他后来通过改过积善，改变了自己的命运。活了74岁，在那个年代也算长寿了。后来，有了两个儿子，也当了大官，他的命运彻底改变了。

可是我们自己呢？有谁能够主动反省自己呢？做到这点很难。为什么？因为很多人都会高看自己，低看别人，有了错误也先从别人身上找原因。

另外，我们从小的教育也不利于我们养成反省的习惯。我们从小被教育要做好孩子——做听话的孩子。有了错误，就会被老师说，被同学看不起。所以我们从小不敢犯错误，有了错误就遮遮掩掩，从不敢坦诚地承认并反省。

华盛顿小时候是个诚实的孩子。一天，父亲送给他一把精致的小斧头，崭新的，很漂亮。他想试一下斧头怎么样，于是趁父亲不在家的时候，用斧头砍倒了一颗小樱桃树，而这颗樱桃树是父亲最喜爱的。父亲回来后，看到心爱的樱桃树倒在地上，大怒道："谁干的？"小华盛顿赶紧认错："是我做的，我只想试一下斧头是不是锋利。"父亲转怒为喜："孩子，我就是损失1000棵樱桃树，也不愿意你说谎话。"

我们从小不敢说真话，就是因为我们的父母不像华盛顿的父亲。我们做错事说了真话后，得到的往往不是宽容、原谅，而是一顿大骂，甚至一顿暴打，所以我们从小就不敢说真话。既然不敢说真话，也就不愿意反省自己。我们宁愿找理由，找借口，宁愿说都是别人的错。所以，我们看到的现象就是：夫妻打架，都是指责对方；教育孩子，挑的都是孩子的错；在企业里，业绩不好，就说是因为经济环境不好，是竞争对手恶意竞争，是客户很难搞定，是生产部门不配合，是我们的价格太高，是质量不如对手，是……总之，都是别人的错误。

所以说，我们不愿意反省自己，一是不敢承担责任；二是从内心为自己找借口，找理由，不承认自己有问题，逃避责任。

这是很多人一贯的做法，更是员工的普遍现象。如果不能从内心反省自己，那么，我们就永远发现不了自己的问题，也就永远不会成长。

2. 你为什么要反省自己

说到这里，我们必须说一下儒家的曾子。曾子是孔子的得意门生，叫曾参，生于公元前505年，鲁国人，以孝出名。曾子是儒家的代表。论语里的这句话就是他说的："吾日三省吾身：为人谋而不忠乎？与朋友交而不信乎？传不习乎？"其意是：我每天都多次反省自己，自查自己，为圣人谋治国之道、治国之术是不是尽心竭力了？跟朋友交往是不是守信用了？对老师的教导是不是铭记在心了？

为什么要反省自己呢？儒家的理念是"齐家治国平天下"。前面的几句话估计很多人就不是很清楚了。前面还有"格物，致知，诚意，正心，修身"，然后才是"齐家治国平天下。"

《四书·大学》中也有相关论述："古之欲明明德于天下者，先治其国；欲治其国者，先齐其家；欲齐其家者，先修其身；欲修其身者，先正其心；欲正其心者，先诚其意；欲诚其意者，先致其知；致知在格物。""物格而后知至，知至而后意诚，意诚而后心正，心正而后身修，身修而后家齐，家齐而后国治，国治而后天下平。"

"格物""致知"一直没有很到位的解释，我们暂且不论。"诚意""正心"就很好理解了。"诚意"就是真诚，思想诚恳，发自内心；"正心"就是端正心态，不胡思乱想。

现在我们就明白了，要想治国平天下，必须家庭和睦；要想家族和睦团结，必须提高自身的品德修养；修养的提升，有赖于"正心"和"诚意"。

可是，我们如何保证"正心"和"诚意"呢？也就是我们如何去掉那些不好的想法呢？反省自我。

在企业中，我们每个人肯定都想升职加薪。然而，要想得到这些，就必须提高自身的整体素质。提高的基础是什么？反省自我。

可见，反省自我是进步的开始！

3. 在内心深处寻找自己的过失

反省自己要注意三点。第一点是反省的关键，像曾子说的，要每日三省吾身——多次反省自己。这个难吗？不难，难的是坚持。反省一天很容易，一个月好像也不难，但是坚持一年两年，就难上加难了。所以反省自己的第一个关键是坚持！

第二点，就是反省的内容。曾子说要反省三件事：对国家是不是尽忠，对朋友是不是真心，对老师是不是好学。那我们的员工呢？我觉得也要反省三件事：

（1）今天你努力工作了吗

这是我们上文反复说过的。曾任惠普大中国区总裁的孙振耀在《离开惠普的九大感言》中说过，"人每天都在选择：你可以选择努力工作，也可以选择安逸地度过，甚至可以选择混一天算一天。但是，时间长了，结果大不一样。你真心地努力工作，老板不会看不到；你真心地对大家好，大家不会感受不到。你没有得到结果，就是你没有努力，无论你承认与否！成功的人，都是努力的人。"

（2）今天你积极主动了吗

企业最怕的就是员工工作没有激情，不积极，不主动，被动等待。这样的员工，就是在混日子，在浪费自己的青春年华。无论是在工作中还是在生活中，我们都会遇到很多的问题，但我们生来就是为了解决问题的。老板花钱请我们来工作，也是为了帮他解决问题。如果我们不能积极主动地工作，无法帮老板解决问题，那就是不负责任，非常需要反省。

（3）今天，你和同事关系好吗

俗话说，有缘千里来相会。这不仅仅说的是恋人。企业员工大多来自五湖四海、大江南北，能够到一个公司工作，在一起朝夕相处，这不就是缘分吗？这不应该珍惜吗？可是事实上，很多单位同事之间钩心斗角，互相攻击，拉帮结伙，大吵大闹的情况颇为普遍；和老板如同仇人，和同事势同水火，上班简直是受罪的员工大有人在。这样的工作还有意思吗？所以，我们就应该时常检讨自己：我和同事关系好吗？若关系不好，是我的原因吗？我应该如何改进呢？

第三点是反省的方法：我们应该每天反省自己的工作。反省必须彻底，必须发自内心，不光是为了领导同事，更是为了自己的成长。反省最忌讳的是过于关注自己的面子。有些人认为，一承认错误就会低人一等。其实不然。承认自己的不足，恰恰是成熟的表现。所以，抛开虚荣，不看面子，是反省自己的必要条件。

有个成语恰好能说明反省的方法——反躬自省。反省是自我反省，更是从内心反省，是找自己的过失，而不是找别人的过失。

第二节
改过河：知耻后勇，改过就是改造命运

反省以后，你就会发现自己有很多过错，那怎么办？改正错误，也就是我们说的改过。

说到改过，我突然想起《神雕侠侣》里的杨过。我是一个武侠小说迷。武侠小说就是成年人的童话。每一个成年人，尤其是男人，心中都有一个江湖。其实，江湖就好比我们的生活，懂得了江湖，也便懂得了如何生活。金庸先生的著作我基本都读了一遍。"飞雪连天射白鹿，笑书神侠倚碧鸳"，金庸先生十四本书的第一个字，排成了一幅诗情画意、侠骨柔情的对联。

杨过是《神雕侠侣》里的男主人公。此君是谁？杨康的儿子。杨康是谁？郭靖的结义兄弟。郭靖和杨康都是《射雕英雄传》里的主人公。杨康卖国求荣，认贼作父，奸诈狡猾，坑害忠良，最后不得好死。于是郭靖收养了杨康的遗腹子，给他起名杨过，字改之，就是希望他知过能改。

"浪子回头金不换""苦海无边，回头是岸""知过能改，善莫大焉"，这些话说的是一个意思：人不怕有过错，怕的是不改。那么，员工朋友，你能够知过就改吗？

第六章 合格员工要渡过的"四条大河"

1. 改过：改变命运的唯一途径

人为什么要改过呢？——很多人说，我也没什么大毛病，别人也都这样，随意吧。其实这就又得说回到《了凡四训》：算命先生说袁了凡命中无子，短寿，没有官运。他想要改变命运，这时候云谷禅师让他反省自己。通过反省，袁了凡发现了自己的很多过错，于是他决心改过。他为什么要改过呢？因为他要改变自己的命运——他想要儿子，想要长寿，想要当大官。所以，改过就是改变命运的出路。

袁了凡问云谷禅师："改过可以得到品德上的提升，能够成为圣贤之人。比如孟子言：求则得之，是求在我者也。道德仁义，可以力求。功名富贵，如何求得？"对于这个问题，云谷禅师回答道："孟子之言不错，汝自错解了。汝不见六祖说：一切福田不离方寸。从心而觅，感无不通。"

禅师的这句话是什么意思呢？翻译过来就是：孟子的这些话没有错，是你自己理解错了（在有关德行的那一半上你理解得没问题，但在另一半上你理解得有些偏颇）。你没看禅宗六祖都说："一切福田，不离方寸。从心而觅，感无不通。"

《了凡四训》中说："命由我作，福自己求。"那为什么有些人求而不得呢？因为他们"不如理，不如法"，也就是说，只有既懂得理论又懂得"求"的方法，然后合理合法地去"求"，才能得偿所愿。如果这样做了还是得不到所求，就是自己有不足之处。要想达成所愿，必须消除不足之处，没有了不足，也就没有求不到的了。

那么，什么是正确的"求"的方法呢？——改过！

运用到我们员工的工作和日常生活中，就是你要想事业成功、家庭和谐、婚姻幸福、邻里和睦，就要改过！

比如，你想升职加薪，那你就先反省自己，看看有什么是你做得不对进而影响你升职的。把这些问题都找出来，逐一改掉，这样就可以实现升职了。你想夫妻关系和谐,你也要先反省自己,找出自己身上影响夫妻关系的缺点或错误,然后改掉它。你想和同事搞好关系,那你就找出影响你与同事关系的缺点或错误,然后改掉它。

当然,我们说的是反省自己,不是找别人的过失,不是将过错推到别人的身上。要知道,改过,是改自己的过错!

改过是改变命运的途径,你如果想要得到福禄寿喜财,你就要改过。任何一个人都想远离灾难,走向幸福平安,走向成功。"祸福无门,唯人自招",一个人有"祸"还是有"福",会"提前"显示出来的——这其实就是我们常说的逻辑推理,从一个人日常的思想、态度、行为就可以推断出他的结果。这也就是我们总说的:思想决定态度,态度决定行为,行为决定结果。比如一个人总喜欢喝酒,那么他就容易得脂肪肝;一个人脾气暴躁,就容易得高血压;一个人爱吃零食,就容易肥胖;一个人好勇斗狠,就容易和人打架斗殴;等等。

所以想要趋吉避凶,祈福立命,就必须把过错改过来。这就再一次解释了"改过,就是改变命运"这句话。

2. 自控力:改过的关键

人是不喜欢否定自己的。上文也说了,反省自己很难。反省都这么难,改正过错就更难了。为什么呢?因为,这里说的过错指的都是坏习惯、坏毛病,一旦养成,是非常不容易改变的。

打个比方,谁都知道吸烟有害健康,有害家人的健康。可是,很多戒烟的人都以失败告终。我以前抽烟,抽了10年,后来得了一场重感冒,发烧,输液,10多天没抽一根烟,顺势就戒了。现在想想,真的很庆幸。我周围很多朋友,戒烟说了很长时间,可是现在还抽呢。

再比如熬夜。谁都知道熬夜影响身体，但是，很多人照样熬夜。要是为了工作，也情有可原；实际上，很多人都是上网看电影、玩游戏、刷抖音，没有什么正事。你说他吧，道理他也都明白，但就是不能约束自己。时间长了，身体产生了应激反应，他想按时睡觉都睡不着了，可怕的失眠症就会缠上他。我周围很多年轻人都是这样，夜里不睡，白天打哈欠，影响工作，还不如我们这些中年人精力旺盛。

你说他们不知道早睡好？肯定知道，就是不容易改变。为什么呢？还是那句话："知易行难"——知道而做不到。坏习惯一旦养成，有了惰性和惯性，不下狠心绝对改不掉。

谁能够用自控力克服惰性，谁就能够成长和发展。虽然改过很难，但如果有很强的自制力，就能做到。

3. 别迟疑别等待，告别过去的过错

改过的方法很多。但归根到底还是要从内心改。也就是说，要发自内心地改正过错。按照《了凡四训》的说法，改过要有以下三个"心"。

（1）羞耻心：知耻而后勇

中国古圣先贤教导我们"知耻近乎勇"，这和我们经常说的"知耻而后勇"有异曲同工之妙。先知耻，而后才能改过自新、奋发图强。相反，一个人如果不知耻，那就根本谈不上什么美好前途。

问题是，我们很多员工一说就是"我没错啊，我做得不错了，某某比我差多了"，这就好比上学的时候总和后几名同学比。你怎么不和第一名比呀？因此我们要把做人、做事、干工作的标准提高，正如古语所言，"见贤思齐，见不贤而改之"。

如何见贤思齐？我们可以向老师看齐。谁是老师？在你的公司，你的

老板就是你的老师；在你的部门，你的经理就是你的老师；在你的这个专业，你这个领域的专家就是老师。看看人家的胸怀，看看人家的眼界，看看人家的魄力，看看人家的专业知识，看看人家的业务能力，想想我们为什么就不如人家呢？

如果我们能常常以这些优秀的人为基准，对比自身的不足，并且时常这样反问自己，那么我们自然就有了羞耻心，而这正是改变命运的动力。这种动力会让你时刻反省——同样都是人，为什么他能做到我却做不到？而这一过程也正是改变命运的开始。

有人说了，人比人气死人。但是，这个不是比，是向老师学习。拿着老师的标准要求自己，才会知道自己的缺点在哪里，才能产生羞愧之心，才会有成功的动力！

（2）畏惧心：知畏能生诚敬

畏惧，就是人要有所怕。人要常怀有畏惧之心，那是一种很大的控制力量，使自己不敢作恶。

现在的很多人，功利心太强，畏惧心太弱。什么事都敢做，什么东西都敢吃，什么钱都敢挣，什么话都敢说……个人如此，公司也如此，于是就有了各种假冒伪劣产品、各种劳务纠纷等。

员工朋友，你也不怕吗？天天玩麻将，不怕家庭破裂，身体垮掉吗？天天抽烟，不怕得肺癌吗？天天喝酒，不怕得肝病吗？天天混日子，不怕老无所养吗？天天不思进取，不怕丢掉饭碗吗？天天偷奸耍滑，不怕被人唾弃吗？天天贪污捞钱，不怕进监狱吗？

所以，人不知道畏惧，就会有不好的结果！

（3）勇猛心：知勇则能振奋

前面我们说了"知耻近乎勇"，但"近乎"还不够，我们还必须勇于改过。勇猛是改过的条件，知耻是内在的觉悟，而畏惧则是外力——"惭愧心"让我们没有胆量做坏事。

《了凡四训》有言："人不改过，多是因循退缩。吾须奋然振作，不用迟疑，不烦等待。""因循"就是日复一日、不精进、得过且过，就是混日子、磨洋工。可是世界上无论是企业，还是个人，都是"逆水行舟，不进则退"。这有一定的道理。不求上进，没有进取的心，就一定会退步。所以说，我们员工要勇于改过，改掉自己的各种毛病，这样才会不断进步！

现在不少员工朋友也是在"勇猛进取"。"进取"什么呢？贪财好色，痴心妄想，不是勇于改过，提升自我的修养，而是"勇于"攀比：比房子，比车子，比妻子，比票子，比位子……每天贪欲无限，还美其名曰：努力奋斗，追求成功。追求事业，多多赚钱，没有错，但过分功利就是问题了，很多人甚至因此而不走正道，就是大问题了。

那么，我们应该在哪些方面勇于进取呢？进取须在德行上，而不是功利上。

当然，不止员工要改过，老板也需要改过，改掉自己的毛病，改掉影响企业健康成长、文明发展的毛病，而且要带头改过。数年前，有一个大培训机构，以所谓的"成功学"忽悠了一大批老板。他们打着智慧的幌子，收着高额的听课费，讲着貌似有理的话，实则经不住推敲。在他们的理论中，赚十个亿的老板就比赚一个亿的强。这种逻辑让人不敢苟同。那么，让老板们进取应该教给他们什么呢？应该教给他们德行。即便商场如战场，也要遵纪守法，更要积德行善，而不是只知道赚钱。总之，无论是老板还是员工，都要明白"吾须奋然振作，不用迟疑，不烦等待"的道理，然后不怀疑、不拖拉，从现在开始振作精神，勇猛精进，绝不退缩。

4. 改掉过错，内心必然坦荡

人一旦改掉过错，内心必定充满正能量。从古至今，真正的恶人并不多。我们做了错事、坏事，或多或少都会有愧疚感。我以前就是，和人吵了架，心里内疚好几天；工作做得不好，心里也不舒服。所以，人有过错，就像身体有病一样，肯定不舒服。我在开篇说了那么多思想疾病，相信有这些思想疾病的人都不会舒服。

人一旦改过，内心必然坦荡。恰如千年幽谷，一盏明灯即可点亮！反省自己的错误，然后发自内心改过，身心必定受益无穷。

那么如何才能改过呢？

（1）从事情上改

这就是我们常说的就事论事。你爱迟到，就改掉迟到的毛病；你爱偷懒，就改掉偷懒的毛病；你不负责任，就改掉不负责任的毛病；你爱发脾气，就改掉发脾气的毛病。这个方法简单明了，但治标不治本，就像庸医看病：发烧了就让病人退烧，也不问为什么。这样做不能解决根本问题。但是，能做到这一条的员工也不是很多，所以我们应该鼓励！

（2）从明理上改

要想治本，首先必须分析我们的缺点错误，看是什么造成的。比如你迟到，你就想：如果大家都迟到，这个公司还怎么开？老板还怎么管？比如你爱偷懒，你就想：如果别人偷懒，你看着是什么感觉？肯定不爽。那么你就会想：自己偷懒别人也会觉得很不好。比如你不敢负责任，那你就想：你会嫁给或娶一个不负责任的人吗？你会雇用一个不负责任的人吗？这就叫同理心。这样一想，对自己的过错就会有全新的认识。

（3）从内心改

我们曾经说过，要树立善的思想。凡是过错，肯定是不善的，不善就是恶，那么，我们一心为善，自然就能改掉过错。这就好比身体：正气存内，邪不可干——你抵抗力强，自然不得病。一心向善，就是让思想有抵抗力。有了善的思想，善的因素就会越来越多。一旦发现错误的想法或做法，你一起心动念，就能轻而易举改掉它。这就是从内心改。

第三节
积善河：真心行善，做企业最需要的员工

《易经》上说，"积善之家必有余庆，积不善之家必有余殃。"还有一句流传千年的古话："善有善报，恶有恶报，不是不报，时辰未到！"以前我也是仅仅把它当成老套话。但是，随着年龄的增长、阅历的增加，确实看到有很多的实例证明了这一点。

1. 积善之家必有余庆

事实胜于雄辩，我们先讲实践，再说理论。《了凡四训》在积善章节中，直接以孔子作为典型案例。孔子我们都知道，他是中国最具影响力的世界级的人物，是儒家思想的开创者。据说他有3000个弟子，其中72个贤人，也就是72个特别出色的弟子。他的影响力贯穿古今，而他的著作更是历朝历代执政者的参考范例。宋朝宰相赵普说："半部《论语》治天下。"试想，半部《论语》就可以治理天下，那读完一部呢？岂不是能够影响世界？目前在全世界100多个国家有500多所孔子学院，孔子成了中国文化的名片，世界人民都敬仰他。孔子从何而来？如果他的父亲不娶他的母亲，哪里还有这么伟大的孔子？可是他的父亲是怎么娶到他的母亲的呢？我们

不妨看看《了凡四训》中是怎么说的。

"易曰：'积善之家，必有余庆。昔颜氏将以女妻叔梁纥，而历叙其祖宗积德之长，逆知其子孙必有兴者。'"《易经》说出了积善的重要性：积善的人家福报不会断绝，子子孙孙都会享受到这种绵延下来的福报。这句话翻译过来就是：当初孔子的外公之所以将女儿嫁给孔子的父亲叔梁纥（二人年龄差距相当大），就是因为他看到孔氏的祖辈世世代代都在积德、行善，从而推断出孔氏子孙必将发达。

孔子的外公如何知道孔门前途不错？他研究了孔家历代，发现孔家都是积德行善的人，所以家门必将兴旺发达。所以说，古人是有大智慧的。

其实，我们现在的父母，又有哪一个不希望自己的孩子婚姻幸福呢？我曾经问过很多父母对未来的儿媳或女婿有何要求，很多人都会说：人好，也有人过于看重外在的条件，比如人的外表、房子、工作等，但很少有人会在意对方的家庭渊源，这实在是不明智的表现。

孔子家兴旺发达了2000年，范仲淹家兴旺发达了800年，曾国藩家兴旺发达到现在，也有快200年了，为什么？就是因为他们积德行善。在中国5000多年的历史中，积德行善而家门昌盛的例子数不胜数。

相信员工朋友们的周围也有这样的实际例子吧？

从理论上，为什么积善之家必有余庆呢？中国历史悠久。虽然科技日新月异，人们的生活发生了翻天覆地的变化，但是有一样东西始终没有变，是什么呢？

人性！

人性怎么会变呢？人性的善恶从古至今始终一样！我们开篇说过，人之初，无恶无善，只是随着年龄的增加和环境的变化，每个人所受的教育和境遇有所不同，因此逐步变得善恶相间。如果要积善，当然是越早越好，因为人越小，恶的比例越小。开始积善以后，善的比例越来越大，如果不再增加恶，这个人的优点会越来越多，这时候人性的光辉就会显现。从人际关系上说，任何一个人都喜欢和善良的人相处，都希望和善良的人做生意，都希望提拔善良的人……这个人的命运就这样改变了。

我们都知道性格决定命运，其实就是说一个人的情商决定了他的命运，而改变情商，最好的做法就是积善。只有积善才能让一个人更加可爱、更加和善、更加优秀，也就相应地有了更强大的气场和吸引力。

2. 利他者为善，利己者为恶

我们开篇就说了，善恶不是表面的现象，不是我们平常看到的样子。很多人看到的，貌似是在行善，实则可能是在作恶。我曾看过一则视频，视频中一红衣美女在大街上蹲着喂乞丐吃饭。很多网友认为这是在行善。实则不然。细细一查，原来是炒作，为了博眼球，蹭流量。为什么？因为她做得过头了，是伪善。伪善比作恶还恶！

《了凡四训》中提到中峰禅师给"善"下的定义："中峰告之曰：'有益于人是善，有益于己是恶。有益于人，则殴人詈人皆善也。有益于己，则敬人礼人皆恶也。'"是说有益于别人的，即便打他、骂他也是善；有益于自己的，即便是尊敬人、礼貌待人也是恶。

利他者为善，利己者为恶！无论过程如何，表面如何，只看目的和最后的结果。是为了自己，还是为了别人？为了自己，做得再好，可能也是恶；为了他人，做得再不好，可能也是善。

世间圣贤只有利众之心，没有利己之私，这便是真善。世间真善的人有很多，我们不说别人，就以范仲淹为例。范仲淹少时贫寒，当官后廉洁自守，一心为国为民。他的名言"先天下之忧而忧，后天下之乐而乐"流传千古。

范仲淹的善便是真善，是我们发善心、积善德的好榜样。在任期间，他从未替自己想过，也没有为儿女争过什么福利，只知全身心地为国为民造福。通过历史，我们可以发现，在范氏家族中，不仅范仲淹自己积善，他的一家、他的子孙都知道行善、积善。范仲淹自己做到宰相，他的五个儿子中也有两个官至宰相，一个官至御史大夫。范仲淹死的时候连棺材都买不起，那么他的钱、他的俸禄都到哪里去了呢？原来全都被他拿去做公益事业了。正是因为这种不计回报的善举，所以很多人称赞他，说他在德行方面仅次于孔夫子。而他的家族更是经久不衰，800年里人才辈出。

如今有很多人，能拿出自己力量的百分之一二来行善，就觉得自己是善人了，而且大肆宣扬！有的甚至还希望自己的善举能马上有所回报。对比古人，我们真是自愧不如，甚至比不上一些西方人。比尔·盖茨和巴菲特"裸捐"，还千里迢迢来到中国，劝告中国的富豪们捐出一半的财富。结果呢？他们很失望。不过，他们之所以这样做，是因为他们的信仰，他们认为自己只是在为上帝看护财物，只是看守者，不是拥有者。这一观点来源于"石油大王"洛克菲勒。

为了赚取金钱，年轻时的洛克菲勒非常拼命，而他的身体也因为操劳过度越来越差。在一次检查后，医生们向他宣布了一个结果：就他目前的身体状况来判断，他最多只能活到50岁，并且这还是在他改善了生活状态的前提下。也就是说，他必须在金钱和生命之中做出选择。在那一刻，洛克菲勒才意识到之前的自己完全被贪婪侵蚀了灵魂。于是他遵医嘱回家养病。他打高尔夫，看喜剧，甚至像普通人一样跟自己的邻居聊天。在这样的平凡生活中，他有了新的想法，就是将自己的巨额财产捐给别人。

为了实现自己的这个想法，1901年，洛克菲勒斥资筹建了洛克菲勒医药研究所；1903年，他建立了教育普及会；1913年和1918年，他分别投资成立了洛克菲勒基金会和洛克菲勒夫人纪念基金会。

通过这一切我们可以知道，洛克菲勒已不再是金钱的奴隶，并且更可喜的是，医生的预言没有变成现实。在不与金钱为伴的日子里，洛克菲勒生活愉快，身心健康，直到1937年，他以98岁的高龄逝世。生前，洛克菲勒曾经说过："当一个人去世的时候，还拥有大笔财富，是可耻的。"而他也践行了这句话——在他逝世时，除了一支标准石油公司的股票外，其他巨额财产都被他捐掉或者分赠给继承人了。

我们宁愿相信，是大量的捐赠给了洛克菲勒健康和长寿，这就是行善的善报。

3. 身体力行，在生活和工作中积善

既然我们都知道了积善可以得到善报，也知道了善的真正含义就是利于众生，利于他人，而不是利于自己。那么，在生活和工作中，我们要如何积善呢？

（1）真心改过

我们可能做过很多丑恶的事情。我们要反省，要改过，这样才能开始积善。发自内心地想要改正自己的过错，你就有了勇气；发自内心地要积善，你就有了积善的可能。这个"心"是内心，是信心，是决心，但更多的是良心！我以前也不是现在这样。我以前有很多的问题，但从不检讨自己，从来都是推卸责任。现在呢，也不是没问题了——也犯错误，甚至是不小的错误，但是我知道检讨自己了，是发自内心地认为自己有错。

简单打个比方：我们通过改过，先把命运的负数变成零，然后通过积善使之成为正数，得到善报。

（2）默默行善

现在的人捐个款，做件好事，巴不得人人都知道。我有一个同学，捐助了几个贫困学生，就在各种场合大谈特谈。问起原因，他竟然说，"我就是要宣传，这样才能让更多人学习我，受到感染。"这个论点不是说不

对，也很有道理。尤其是我们的媒体更应该宣传好人好事。但是按照《了凡四训》的说法，做了善事，总想让人知道，就是有了扬名的私心，这不是纯善。更有人借着行善的名义，做着不可告人的事情。这不是行善，是真正的作恶！默默做善事，感化别人，帮助别人，才是真正的善、无条件的善。所以，从某种程度上说，任何有条件的积善，都不是真正的善。

（3）身体力行

很多人都是嘴上大谈特谈，没有实际行动。这不叫积善，积善必须有实际的行为。积善有很多种，但无外乎物质和精神两大类。物质上的积善就是捐钱捐物；精神上的积善就是教导别人，帮助别人，给人以精神上的支持和帮助。

在企业里，积善很简单，可以说我们每天都能积善。善就是利于他人，那么，在企业里，凡是对企业好的，就是善；凡是对同事好的，就是善；凡是对客户好的，就是善；凡是对生产好的，就是善；凡是对销售好的，就是善……

倘若我们不负责任，每天做对公司不好、没有价值甚至是损害公司的事情，就是在作恶。

所以，在工作当中积善很容易。只要你能够坚持这样做，你就是一个合格的员工，而且可以成长为优秀员工，同时获得健康、富足、快乐。

第四节
谦德河：人低成王，谦德决定职场高度

满招损，谦受益。《易经》八八六十四卦，大多的卦，有吉有凶，只有"谦卦"是六爻皆吉，这说明什么？说明谦虚，能够永葆平安。但是，恰恰是这个谦字，太难做到了。尤其是有点才华的人。

曾国藩曾经说过"天下古今之庸人，皆以一惰字致败；天下古今之人才，皆以一傲字致败！"毛主席更是一语中的："谦虚使人进步，骄傲使人落后。"看来这是千古不变的道理啊。

你反省了，改过了，就积善了；可是，如果你不谦虚，骄傲自满，自高自大，那么，前面所做的所有努力，都可能付之东流。我就是一个鲜明的例子。

1. "生力第一才子"的教训

我从小就自负，自以为有点儿才气，尤其是文采。后来在企业里，成了企业公认的"笔杆子"。凡是重要文件，包括领导的年终总结、大领导的讲话稿，甚至市里领导的讲话稿，都由我一手写成，大家自然是夸奖声不断。我年少轻狂，自然是飘飘然了。这也算不了什么，关键是我开始口

员工心法:合格员工的修炼之路

吐狂言,自封为"生力第一才子",在各种场合大言不惭。跟领导说,跟同事说,一开始大家还附和一下,时间长了,就像是祥林嫂和唐僧,大家从认可到反感。我那时不知道,还自以为是,自鸣得意。

结果如何?从后来获取的一些内部信息来看,大多数人认可我的能力,但觉得我太张狂,不谦虚。少部分人干脆以此作为打击我的武器:他天天吹嘘自己,什么"第一才子",如此轻狂,不稳当,不懂团结,这怎么能担当大任?于是乎,我一直得不到提拔。一起进公司的其他同事20多岁就被提拔为部门经理,我还在主管的位置上晃荡——只是从一个部门调到另一个部门,再到另一个部门。哪个部门的领导都重用我的才华,但在哪个部门我都升不上去。

30岁时,我终于有了一个机会,被调到销售部门担任大区经理。我是半路出家做销售,对销售不是很在行。但是,我是一个很努力的人,用了4年时间就把本区域的销量翻了两番。整个大中国区都知道我的业绩,据说大中国区总裁亲自打招呼说要重用我。但是,我原来的恶习又出现了,而且变本加厉。首先是管不住自己的嘴,到处吹嘘自己:我做得多么多么好,成绩多么多么出色,我就是销售冠军,我的业绩最好,等等。大家本来很认可我的能力,很尊重我,可是我总这样吹嘘自己,慢慢地大家又开始反感我了,我却丝毫未察觉。最终我直接被"削藩夺权",一下子没了地盘,也没了权力。我本想辞职,但暂时没有好去处,无奈之下,申请调到市场部做了一个大头兵。

想想原来,手下有将近20个业务员,有行政助理,有促销助理,有出差补助,有招待费,更有好几千的奖金。到了市场部,一下子什么都没了。我怎么会服气?于是天天抱怨,天天负能量。开始混,开始耍,结果身体出了毛病,家庭也出了问题,一切都开始不顺!

我煎熬着过了半年,一个机缘让我接触了《了凡四训》。我这才明白"福自我立,命自我求",我自己的不顺、自己的坎坷,不怨别人,是自

第六章 合格员工要渡过的"四条大河"

己的骄傲和炫耀导致的。古人云:"满招损,谦受益。"于是我反省自己,我不再责怪过去的领导,而是主动与他们沟通。现在我经常检讨自己,经常反思,正视自身的错误,不断提高对自己的要求。就在前几年,一个大姐无意中说的一句话,又点化了我,她说:"人低为王,水低为海。"我深以为然。

《了凡四训》讲的道理很深刻,很多道理来源于《易经》。《易经》是古老的东方智慧,是中国文化的源头,是百经之首。

《易经》中提道:"天道亏盈而益谦,地道变盈而流谦,鬼神害盈而福谦,人道恶盈而好谦。"

"盈"是满甚至将要溢出的意思,"谦"是不满还能接受的意思。看一看月亮的盈亏变化,我们便能体悟到这个道理。满月后,月亮的光辉会一天一天减少;而月未满时,会一天比一天亮。此外,古人说的"满招损,谦受益",也能让我们体会到大自然的规律。

剩下的三句也是这个道理:水满了之后会流向低洼的地方;鬼神会在你志得意满的时候找你的麻烦,在你什么都没有的时候却会帮助你;我们人也是讨厌骄傲自满者,喜欢谦虚不自满的人。

清朝重臣曾国藩,官至总督、一品大学士,并且文化功底了得。曾国藩明白自己书读得太多了,这并不是什么好事情。为了明志,也为了警示自己,他为自己的书房题名"求阙斋"——求阙即不自满。世人皆求圆满,而曾国藩却求阙,所以他才能将已经拥有的权势地位保住,并且他的后人直到现在也都活得很精彩。这是曾国藩自己修善积德,他的后人能遵遗教的结果。

古人讲"德位愈高,愈要卑下",而《尚书》也说"满招损,谦受益"。这些都无疑告诉我们,只有那些谦虚的人才能真正得到好处、大利益。中国五千年文明,大道讲的就是"满招损,谦受益"。历朝历代均验证了这一切,我们还有什么不能相信的呢?

2. 谦德是成功的开始

我们都是普通人,可能不会特别发达,但我们谁不想一生平安顺利、健康快乐、事业有成?如何实现这些愿望呢?就是要谦虚。俗话说,谦虚使人进步,骄傲使人落后。反观自己,我不是没有才华,不是不努力,就是不谦虚,自高自大,炫耀才华,结果导致自己仕途不顺。这就是不谦虚的恶果。

员工朋友,你可能也在经受着像我一样的困境:有才却得不到重用,这可能正是因为你不够谦虚。聪明外露,必然遭到嫉妒,而嫉妒必然导致你不被重用,因为别人会给你设置重重障碍。

现在的一些年轻人,自己没有多少经验,却"七个不服,八个不忿"。不听人劝,不听人说,早晚要吃苦头。在职场中也有很多年轻人讲究个性。我不反对个性,甚至我也很有个性。但是再有个性,也要懂得低调谦虚。这二者并不矛盾。

我用半生的教训,来劝告这些年轻人,要学会四个字:认、学、练、悟。认,就是承认自己年轻,承认自己不行,承认自己不如别人,这样才会有动力去学习、去提高,然后在工作当中磨炼自己,成为人才,成为高手,成为企业的中坚力量。这还不够,还要有感悟,悟出人生,悟出生命,悟出世界。

请相信我这个过来人的话吧,谦德就是福,就是合格的开始,也是成功的开始。

YUANGONGXINFA
HEGEYUANGONGDEXIULIANZHILU 7

第七章
成为合格员工，要"过五关"

　　东汉末年蜀国的名将关羽关云长是历朝历代供奉的"武圣"，他为了追随大哥刘备，不贪富贵荣华，不慕美女财帛，毅然决然千里走单骑，过五关斩六将，留下一段千古佳话！

　　我们每一个员工，在走向合格员工之路上，一样要过五关斩六将！那这五关是哪五关呢？且看我详细表来！

第一节
忠诚关：成为合格员工的第一关

很多年前热播过一个电视连续剧——《忠诚》。说到"忠诚"这个词，我认为这是合格员工的第一要求。一个员工如果连忠诚都做不到，那么，他就是不合格的员工——见异思迁，朝秦暮楚，同床异梦，见钱眼开，不忠不孝的，都是不合格的员工。

1. 忠诚是最大的善

忠诚代表着诚信、守信和服从。广义上是指对所发誓效忠的对象（国家、人民、事业、上级）、朋友（盟友）、情人（爱人）或者亲人（亲戚）等真心诚意、尽心尽力，没有二心。

中国自古最看重忠诚。儒家提倡忠孝两全。中国上下五千年，忠贞的义士层出不穷。我先给大家说几个忠诚的小故事。

对主人的忠诚：豫让的故事。

春秋时期有个晋国人叫豫让，在投靠智伯之前，他屡不得志，但是投靠智伯后，智伯非常重视他。后来智伯被仇家赵襄子所杀，甚至他的头骨

第七章 成为合格员工，要"过五关"

都被赵襄子拿来当酒杯。这让豫让非常愤怒，他决定要为智伯报仇。

为了替智伯报仇，豫让先是改名换姓，冒充服劳役的罪犯混进宫廷，想靠整修厕所之机刺杀赵襄子。结果，这次行动以失败告终。赵襄子见豫让为了给故主报仇不计生死，非常佩服，便将其放了。

一次的失败并没有让豫让死心，他伪装成乞丐，伺机而动。机会终于来了，赵襄子要经过一座桥，豫让事先埋伏在桥下打算再次行刺。结果赵襄子到了桥上时他的马惊跳起来，救了他一命。豫让的刺杀行动再一次以失败告终。豫让知道自己这次在劫难逃了，于是他请求赵襄子说："我还有最后一个心愿没有完成，希望你能让我实现它。你将衣服脱下来，让我刺穿。这样，即使死了，我也不会有遗憾了。"赵襄子佩服他是个重情重义之人，便答应了他。豫让拔剑在赵襄子的衣服上连刺三剑，刺完之后便自杀了。

在《史记·刺客列传》里，司马迁描写了五位刺客：曹沫、专诸、豫让、聂政、荆轲。同样是刺客，他们有很多相似之处。比如司马迁说"其义或成或不成，然其立意较然，不欺其志，名垂后世，岂妄也哉！"司马迁说的是什么意思呢？他认为这些人为大义所驱，且视死如归。但是如果细细比较的话，我们仍能发现他们的不同。

曹沫本就不同于其他四个人，他是将军而非刺客。战败失地后，他无计可施才劫持了敌国君主，做了刺客该做的事。专诸、聂政、荆轲这三人都是被别人从社会底层提拔起来的市井游侠，因有感于别人的知遇之恩，才慷慨赴死，在所不辞。甚至我们可以说，他们都是政治斗争中受人摆布的棋子，那些人找他们，就是为了让他们充当一颗棋子。而豫让则不同，他刺杀赵襄子无人指使，并且当时故主已死，两方的政治斗争已经尘埃落定。在这种情况下，豫让依然不惜以死为故主报仇，这种行为耐人寻味。

你选择了一条什么样的道路，你就会成为一个什么样的人。人常说：

员工心法：合格员工的修炼之路

"慷慨赴死易，从容就义难。"其实后者难就难在必须经历一次是非生死的抉择。这同样说明，世间还有比生命更重要、更需要去守候的东西。当然，也正是在这样的选择中我们才会看到人之所以为人，之所以比动物更高级的要义所在。豫让选择了忠诚。也许在今天的人们看来，这确实是不值得的。但是，人总有一死，豫让用自己的死诠释了什么叫忠诚。

对国家的忠诚：文天祥的故事。

南宋的文天祥，21岁考中状元，最终做到丞相。当元朝军队大举进攻南宋时，他变卖家产，组织了1万人的义军，为保卫南宋都城临安立下了汗马功劳。

1278年，文天祥在与元朝的交战中，因寡不敌众，不幸被俘。在被押往元朝大都的路上，他绝食8天，仍奇迹般地活了下来。南宋灭亡后，元官张弘范请示元世祖如何处置文天祥，元世祖在说了一句"谁家无忠臣"后便命令张弘范将文天祥送到大都，软禁在会同馆，并以礼相待，打算劝文天祥为元朝效力。

原南宋左丞相留梦炎早已投降，元世祖第一个便派他劝降。哪知刚一见留梦炎，文天祥便怒不可遏，留梦炎失败而归。元世祖选择的第二个劝降之人是投降的南宋皇帝赵㬎。见到赵㬎后，文天祥便跪于地，痛哭流涕地对赵㬎说："圣驾请回！"赵㬎悻悻归去。见两个人都劝说不成，元世祖大怒，随即下令将文天祥捆绑双手，戴上木枷，关进大牢。

元朝丞相孛罗亲自在枢密院大堂审问文天祥，但见到孛罗后，文天祥昂然而立，不肯下跪。审问中，孛罗问文天祥："你现在还有什么话要说？"文天祥答道："天下事有兴有衰。国亡受戮，历代皆有。我为宋尽忠，只愿早死！"孛罗当堂震怒，对文天祥说道："你要死？我偏不让你死。我要关押你！"文天祥则回答道："我愿为正义而死，关押我也不怕！"

第七章　成为合格员工，要"过五关"

就这样，文天祥被关押了 3 年。在这 3 年中，女儿柳娘曾经给他写过信。在信中提到他的妻子和两个女儿像囚徒一样在宫中为奴。文天祥深知女儿的这封信是在元朝廷的授意下写的，意在告诉他，只要他投降，那么一家人便能团聚。尽管妻女的处境让文天祥万分不忍，他依旧不愿为此而丧失气节。在他的信中，他说道："收柳女信，痛割肠胃。人谁无妻儿骨肉之情？但今日事到这里，于义当死，乃是命也。奈何？奈何！……可令柳女、环女做好人，爹爹管不得。泪下哽咽。"

1282 年，群臣再一次提到了文天祥，说在贤能方面"北人无如耶律楚材，南人无如文天祥"。于是，元世祖直接下诏授予文天祥高官显位。一些南宋时期的同僚、如今投降元朝廷的旧友也劝说文天祥投降，但这一切都被文天祥断然拒绝。几个月后，元世祖亲自劝降，但文天祥依旧长揖不跪。元世祖对其说道："你在这里的日子久了，如能改心易虑，用效忠宋朝的忠心对朕，那朕可以在中书省给你一个位置。"文天祥丝毫不为所动："我是大宋的宰相。国家灭亡了，我只求速死。不当久生。"元世祖接着问道："那你想怎么样？"文天祥回答："但愿一死足矣！"元世祖当庭震怒，马上下令处死文天祥。

第二天，文天祥慷慨赴刑。刑场上，监斩官告诉他如果后悔还来得及，但文天祥什么也没说，只是问哪个方向是南方。得到答案后，他向南而跪，口中说道："我的事情完结了，心中无愧了！"随后，年仅 47 岁的文天祥从容就义。死后有人在他的衣带中发现了一首诗："孔曰成仁，孟曰取义，唯其义尽，所以仁至。读圣贤书，所学何事？而今而后，庶几无愧。"

小时候，每次读到这里，我都会流眼泪。我不知道当时是一种怎样的场景，但我为中国有这样的忠义之士而倍加自豪。现在岁数大了，不会轻易感动了，但是，仍然感慨万千。自古以来，这样的忠义之士，数不胜数。我们中国人敬重忠义之士，即便自己做不到，一样能感受得到他们的凛凛正气。我们员工在工作中没有这样的机会，做不到这样的事情，但是忠诚是起码的要求。

2. 小聪明和大智慧的分水岭

看了上面的两则小故事，你还要问为什么要对企业忠诚吗？再看看义犬八公的故事。一条狗对主人竟然这样忠诚，至死不渝，让人动容。

日本一位教授拾到了一条小狗，起名八公。每天早晨教授去火车站，八公都会去送他；晚上下班教授乘火车回来，八公都会准时去接他。然而不幸发生了：教授讲课时突发心脏病去世。八公在火车站等不到教授，三天三夜不吃不喝。教授的女儿把八公领回家，它却一次次跑出来。八公依然每天去火车站等教授回来，一等就是十年。直到八公去世的时候，据说它梦见了教授回来接它，它幸福地闭上了眼睛。后来，人们为了纪念八公，在涩谷火车站为它塑了雕像。

我曾经看过这部电影，当时感动得热泪盈眶。狗是我们人类最忠诚的伙伴。

看到这里，你可能会不以为然：企业和员工是雇佣关系，和你说的这些不相干。而且这些陈芝麻烂谷子的故事没有说服力。这年头还提什么忠诚？可笑！尤其是忠于企业，岂不更可笑？这个企业给我5000元，另外一个企业给我8000元，我为什么不跳槽呢？

现如今，很多人太浮躁，太功利，不屑于探讨忠诚。但是我要说，忠于企业，是一个员工最基本的素质！

我问问你：你愿意娶一个或者嫁给一个不忠于你的人吗？你愿意和一个对你不忠诚的人交朋友吗？肯定不愿意！那为什么企业要重用不忠诚的

第七章 成为合格员工，要"过五关"

人呢？

我曾经读过一篇文章，标题实在惊人："忠诚，是因为背叛的筹码不够高！"我实在不敢苟同，但现实还真是这样！我曾经很认真地问过一些女性：如果有个帅哥天天开着宝马，捧着鲜花来接你下班，连续一年，你会不会背叛自己的老公？她们都支支吾吾或左顾而言他。是啊，人都有私心，都有贪欲，谁又能真正经得住诱惑呢？但正因为如此，才更应该提倡忠诚。而且，忠于企业，是成为合格员工的第一关。

企业虽然是商业经济体，与员工是雇佣关系，但是，这并不意味着就可以不提倡忠诚！相反，物以稀为贵，在这个年代，忠诚更是一种可贵的品质！

尤其是私企，老板更看重忠诚。有一句名言："忠诚第一，能力第二。"很多老板都很赞同这句话。我接触过很多私企中的高管，他们都是跟着老板一起打过江山的，十几年的亲信，能力不一定高，但是很忠诚。很多老板也曾尝试过从外面请高管，结果这些高管最多待上半年就离职了。原因可能有很多，但是，最根本的一条就是和老板不是一条心，不够忠诚。

所以，老板往往会提拔那些忠诚度高的员工，就像历朝历代的皇上都喜欢用忠臣一样。对老板不离不弃，肯定能有好结果。也许你对此不屑一顾：此处不留爷自有留爷处，我凭什么跟他一辈子？谁给钱多就跟谁呗！

那你就大错特错了。你是老板吗？你知道老板是怎样想的吗？哪一个老板会重用有这种想法的人呢？下面，让我们看看跟着史玉柱的那些人。

史玉柱是商界少有的能够大落还能大起的人才。想当年，史玉柱的巨人集团欠下巨额债务，工资都发不出来，可史玉柱的高管们还是跟着他，轰都轰不走。是他们傻吗？不是。他们有大智慧，他们认为史玉柱会东山再起，跟着这样的老板没错。亲爱的员工，你想想，老板之所以是老板，肯定有他的过人之处，肯定比你本事大，比你人脉多，比你有办法，一旦东山再起，你跟着他怎么会吃亏呢？

你要是只想做个打工者，你就随便跳槽；要是想成为高管，可以向史玉柱的高管学习——他们最后都成了亿万富翁。小聪明和大智慧，最大的区别就是忠诚与否。你为什么要忠于企业呢？这就是答案！

3. 忠于企业，必有回报

如何才能做到对企业忠诚呢？

（1）无私奉献

有一首经典老歌叫《奉献》，是苏芮唱的。歌词是这样的：

长路奉献给远方，玫瑰奉献给爱情，我拿什么奉献给你？我的爱人！
白云奉献给草场，江河奉献给海洋，我拿什么奉献给你？我的朋友！
我拿什么奉献给你？我不停地问，我不停地找，不停地想。
白鸽奉献给蓝天，星光奉献给长夜，我拿什么奉献给你？我的小孩。
雨季奉献给大地，岁月奉献给季节，我拿什么奉献给你？我的爹娘。

有一句名言："生命在于奉献。"我们要想忠于自己的企业，首先就要无私奉献。奉献自己的青春、自己的才华。在奉献中，我们自然会得到上司的提拔，得到加薪，得到舞台，得到机会！

要是没有得到呢？我以前也想过这个问题。我把15年的青春年华献给了生力公司，但是我没有得到成为高管的升职机会，也没有得到高薪。以前我认为我亏了，而且亏大了。

现在呢？我认为我的智慧提升了。当你看这本书的时候，朋友，你还认为我得到的少吗？这一切的一切，都是我得到的。为什么只在意那些短期的、容易看得见的东西呢？其实，我得到了人生的历练，得到了各种机缘,这才是人生最有价值的财富。我做咨询,做培训,不都是在生力公司的时候学到的吗?它不是世界500强,没有什么名声,但我依然为它奉献了15年!我也得到了15年的工作经验和人生历练!忠于企业,肯定会有回报!

(2)言行一致

很多人嘴上说会忠于企业。但行动上呢?未必。表面上说企业好,背地里却经常发牢骚,经常抱怨,说风凉话,甚至做损害企业形象的事情。伪君子比小人还可怕。所以,我们提倡言行一致,提倡把忠于企业落实到日常的工作中。怎么做呢?就是:不利于企业的话不说,不利于企业的事不做,永远只做对企业发展有好处的事情。这就是在工作中积善,忠诚就是最大的善!

(3)做好本职工作

上文说了,忠诚的员工会得到好报。可是,不是每个人都有升职的机会,很多人一辈子都在基层工作,怎么办?做好本职工作。清水龟之助是日本一个普通的邮递员,一辈子送信。但他忠于企业,一辈子送了上百万封信,没有失误过一次。最后,他得到了日本业内颁发的"终身成就奖",这个大奖平时只颁给那些有突出贡献的高官、科学家或者文学家。这说明什么?说明做好本职工作,忠于企业,一定能得到企业的尊重,得到老板的尊重!很多老板每到年底都会发自肺腑地感谢那些默默无闻工作在平凡岗位上的人,这就是做好本职工作的价值!

第二节
责任关：这是你的工作，你必须负责

过了忠诚关，就到了责任关了。为什么要有责任呢？这些年的企业界，一直在提倡负责任。每每问到老板，你的企业最想解决的是什么呢？很多老板都说：是如何让员工有责任心，负责任！由此你就明白为什么责任这样重要了！

1. 担任什么职务，就得担负什么责任

我们在企业里经常说，责权利要对等。也就是说，担任什么样的职务，就得担负什么样的责任，当然也就享受什么样的利益！

你是高管，年薪几十万，你要承担什么样的责任？你是中层管理者，年薪十几万，最少七八万，你要承担什么样的责任？就算你只是一个普通员工，企业也给了你一个月几千元的工资和其他福利待遇，你应该承担什么样的责任？

一般说来，凡是与职务有关的、职务所要求的必须且应该付出的利益都叫作责任，它强调必须性、强制性、法规性。

简单说，就是"拿人钱财，与人消灾"。我们享受到了职务带给我们

的利益，就必须承担相应的责任。这是我们的本分，是一名合格的员工的基本条件。

2. 不找借口，勇于承担责任

（1）诚实做人

说到责任，我们必须明确，每一个员工在企业中都有与其工作内容相对应的责任，也就是我们所说的工作职责。负责任不仅仅是为工作内容本身负责，更重要的是要对结果负责。也就是说，如果工作没做好，就要对此负责。对好的结果负责，估计大家都争着上。关键是，工作没完成，或者出了问题，谁负责？这时候就要诚实做人了。还记得我们前文说过的华盛顿小时候的故事吗？其父亲宁肯损失心爱的小树，也不愿意儿子说谎。我们也提倡说老实话，做老实事。如果工作出了问题，你还可以面不改色地撒谎，这就是作恶，这就是人品的问题。相信任何一家企业都不会重用这样的人。

（2）敢于担当

承认错误容易，承担后果太难。任何人都会趋利避害，这是人的天性。一旦工作出了问题，上到企业老总，下到基层员工，敢于承担责任、敢于承担后果的少之又少。他们一般会如此"承认"："我工作没做好，但责任不在我。损失我可不承担，最起码不能负全责，还有某某呢。罚款？我真是心疼，损失是企业的，罚款可是我自己兜里的。"能够认罚，承担后果，一定是合格的员工；逃避责任，就是不合格的员工！

（3）不找借口

我认识一个老板，他平生最痛恨员工找借口。员工犯了错误，他会狠狠地批评。如果这个员工敢于认错，他就释怀了；如果这个员工找理由、找借口，他就会更加生气，不能容忍这个员工，最后一开了之。

我也遇到过类似的事情。有一次，咨询的企业开导购销售会议，有个导购店里的小仓库常年开着灯，老板检查时发现了，就向导购的经理提出来。经理批评她，结果她满肚子的牢骚，说："该我负责的我负责，这仓库里的耗子我可不负责。我怕耗子，就得开着灯，要不然吓着我怎么办？"

我说："你可以放黏鼠板啊！"她说："我不放，黏上了我害怕，不敢拿。""那你请人帮忙啊！"她说："市场里我谁都不认识，我找谁啊？""那你找公司啊！"她满肚子委屈地说："我找了啊，没人管啊。"我本来脾气很好，最后气得我对她拍了桌子。这是什么思路？典型的不负责任。满肚子的牢骚，满口的理由，以后能有什么大的发展呢？若不痛下决心反省改过，肯定难以进步！

无论如何，自己的责任自己承担，不要推卸责任，不要找借口。记住一句话：你的工作你必须负责！

第三节
敬业关：你凭什么拿高薪

有了忠诚，敢担责任，那么，就该说说你是否敬业了。这第三关，就是敬业关。这一关，也不好过！

1. 敬业是一种奉献精神

顾名思义，爱岗就是热爱自己的工作岗位，热爱本职工作，敬业就是用一种恭敬严谨的态度对待自己的工作。而爱岗敬业就是指热爱并认真对待自己的工作、自己的岗位，认真履行自己的岗位职责，勤奋有加，对工作负责到底。爱岗敬业是人类社会最为普遍的奉献精神，它看似平凡，实则伟大。说到敬业，最著名的莫过于诸葛亮。

诸葛亮年轻时躬耕于陇亩之中，自比管仲，才华横溢，只可惜怀才不遇。后来刘备三顾茅庐，用真诚打动了他，于是诸葛亮出山。当时刘备没兵没将没地盘，到处乱窜，实际上就是一个流寇。恰恰是诸葛亮用自己的智慧帮助刘备屡屡渡过难关，使他有了大量的军队，有了"五虎上将"，有了荆州，有了西川大片的土地。后来，刘备对诸葛亮略有冷落，开始重用其他的谋士，如庞统、法正、李严等。但事实证明，只有诸葛亮才是他的扛鼎之臣。在关羽被害以后，刘备不听诸葛亮的力劝，大举进攻东吴。结果，张飞被杀，又被陆逊火烧连营七百里。刘备百感交集，临死前在白帝城托孤给诸葛亮。诸葛亮一心辅佐刘禅，七出祁山，屡败屡战，为了恢复汉室，鞠躬尽瘁，死而后已。

历朝历代那么多的皇帝大臣、名人志士，都对诸葛亮大加赞赏。他身上的优良品质、传统美德，同样值得我们当代人学习。

2. 敬业乐业，做企业的第一等员工

企业为什么要给你发工资，发奖金，上保险，给福利？你肯定会说，不给我行吗？我天天上班，这么辛苦，干活不给钱？天下哪里有这样的企业？

对啊，员工上班干活，给钱对企业来说天经地义，是企业的责任和义务。敬业，则是员工的本分。你不敬业，天天混日子，耍小聪明，企业凭什么要给你钱？最多给你两个字：走人！

所以，敬业是员工的本分，是员工在企业生存的基础。作为企业员工，就要做好自己的本职工作。有一句话叫作"干什么吆喝什么"，但如何"吆喝"就是门学问了。太多的员工像我们开篇说的，混日子，耍小聪明——这不是聪明，这是真笨！是在作恶！

为什么说是笨呢？你想想，你可以20岁混，30岁混，40多岁、50多岁你还能混吗？你能在这个企业里混，你能在所有企业里混吗？以后中国的信用制度会越来越规范，你的职业生涯也会有信用记录。"一朝混日子，十年没人要"！尤其是在私企，没有哪一个老板会雇用一个不敬业、混日子的员工！

警醒吧！好好干活吧！敬业工作吧！

第七章 成为合格员工,要"过五关"

看看梁启超是怎样诠释敬业的:

第一要敬业。"敬"字为古圣贤教人做人最简易、直捷的法门,可惜被后来有些人说得太精微,倒变得不实用了。唯有朱子解得最好。他说:"主一无适便是敬。"用现在的话讲,凡做一件事,便忠于一件事,将全部精力集中到这事上头,一点不旁骛,便是敬。业有什么可敬呢?为什么该敬呢?人类一面为生活而劳动,一面也是为劳动而生活。人类既不是上帝特地制来充当消化面包的机器,自然该各人因自己的地位和才力,认定一件事去做。凡可以名为一件事的,其性质都是可敬。当大总统是一件事,拉黄包车也是一件事。事的名称,从俗人眼里看来,有高下;事的性质,从学理上解剖起来,并没有高下。只要当大总统的人,信得过我可以当大总统才去当,实实在在把总统当作一件正经事来做;拉黄包车的人,信得过我可以拉黄包车才去拉,实实在在把拉车当作一件正经事来做,便是人生合理的生活。这叫作职业的神圣。凡职业没有不是神圣的,所以凡职业没有不是可敬的。唯其如此,所以我们对于各种职业,没有什么分别拣择。总之,人生在世,是要天天劳作的。劳作便是功德,不劳作便是罪恶。至于我该做哪一种劳作呢?全看我的才能何如、境地何如。因自己的才能、境地,做一种劳作做到圆满,便是天地间第一等人。

第二要乐业。"做工好苦呀!"这种叹气的声音,无论何人都会常在口边流露出来。但我要问他:"做工苦,难道不做工就不苦吗?"今日大热天气,我在这里喊破喉咙来讲,诸君扯直耳朵来听,有些人看着我们好苦;反过来,倘若我们去赌钱、去吃酒,还不是一样淘神、费力?难道又不苦?须知苦乐全在主观的心,不在客观的事。人生从出胎的那一秒钟起到咽气的那一秒钟止,除了睡觉以外,总不能把四肢、五官都搁起不用。只要一用,不是淘神,便是费力,劳苦总是免不掉的。

我老实告诉你一句话:"凡职业都是有趣味的,只要你肯继续做下去,趣味自然会发生。"孔子说:"知之者不如好之者,好之者不如乐之者。"人生能从自己职业中领略出趣味,生活才有价值。孔子自述生平,说道:"其为人也,发愤忘食,乐以忘忧,不知老之将至云尔。"这种生活,真算得人类理想的生活了。

我生平受用的有两句话:一是"责任心",二是"趣味"。我自己常常地求这两句话之实现与调和,常常把这两句话向我的朋友强聒不舍。今天所讲,敬业即是责任心,乐业即是趣味。我深信人类合理的生活应该如此,我望诸君和我一同受用!

这是梁启超的一篇关于敬业和乐业的讲演稿,说得很透彻:每个人都应该有正当的职业,无业游民最可悲,游手好闲最可耻。所以人人都要有职业,有职业就要敬业,敬业就是负责任!敬业的更高境界是乐业,乐业就是从自己的职业中找到工作的乐趣,从而乐在其中。梁先生说的都是千古不变的真理。时间虽然过去了百年,今天听来依然振聋发聩,直击人心。年轻朋友们,好好品味一下,一定会对你的人生,对你的职场,有莫大的帮助!

3. 合格员工如何做到敬业

（1）真心地敬

我下面为什么一下子使用了好几个"真心"？因为我真的认为,一个人如果做什么事情不是出自真心,那么,你给他说出天大的道理,也没有作用;只有自己真心体会,才有作用!

敬业,首先要"敬"。有一句话叫作"敬业,就是要像敬重自己的生命一样敬重自己的工作！"这话听着有点儿玄乎,不容易做到,但是,尊重自己的工作,是敬业的第一步。

现在有很多员工认为，我就是一个工人，我就是一个小角色，多我一个不多，少我一个不少，我又能怎么样呢？我们提倡职业无高低贵贱之分。表面上，老板和部门经理不一样，部门经理和主管不一样，主管和普通员工又不一样——工资差很多，待遇也差很多。但是，从人格上，从本质上，工作确实没有高低贵贱之分：你是老板，不合格，你也得下台；我是普通员工，我做到位，我也受人尊重！更何况，没有人生来就会成功，大多数成功者都是从基层做起的，很多公司也都给最底层的员工各种升职的机会。在自己很平凡的时候，不敬重自己的职业和工作，又怎么能成长呢？最大的可能就是一辈子普通！

古今中外，职业都是神圣的。无论你做什么工作，态度都很重要：敬重自己的工作，就是有德；不劳作，不敬业，就是作恶。至于说能做什么工作，要看自己的先天条件，更要看自己的后天努力！有多少平凡的人最终成为大人物呢？如何做呢？请多看看《了凡四训》。命运是自己掌握的，而改变自己的命运，在企业里就要先从敬业开始做起。

（2）真心地忠

这个不需多言，因为前文我们说了要忠于企业。现在的这个"忠"，代表忠于自己的职务、岗位和具体职责。无论你在哪行哪业，这都是很重要的！大事故往往由一些小的细节问题引起。很多的公共交通事故之所以发生，绝大部分的原因是司机的失误、走神，甚至打瞌睡。这是什么？典型的不忠于自己的职责。所以，敬业要忠于职守。

（3）真心地钻

敬业不仅仅只是尊重自己的工作、忠于企业，更要有钻研精神。很多员工一辈子平庸，就是因为不努力钻研自己的工作。这其实也是一种混。仅仅做到完成本职工作，这并不算敬业。把工作做好，做到位，做到卓越，这样才算是敬业。

员工心法：合格员工的修炼之路

小米手机的创始人雷军是 IT 界鼎鼎有名的人物，而他最欣赏的一名员工叫作王峰。王峰 1997 年加入当时只有 20 多人的小米时，根本就不懂软件工作，但他拼命进行钻研，很快就成了专家。现在他已经是这家上市公司的高级副总裁了。

所以，你若想成功，必须敬业；若要敬业，必须尊重自己的工作，把工作当成自己的天职，去学习，去钻研。

（4）真心地乐

工作很苦很累，压力很大，这是现在很多员工的心声。确实是这样。中国的员工从来没有像今天这样，承受着如此巨大的压力。尤其是今年的疫情，让无数上班族体验到了什么叫"压力山大"。怎么办？是苦苦煎熬还是乐在其中？这个问题没有标准答案。不同的选择，带来不同的结果。人从走入社会开始，就要进行工作，就要受苦。工作苦，不工作可能更苦。人家上班，你在家宅着，无所事事，就算你不缺钱，你幸福吗？我看不一定。

俗话说：苦也一天，乐也一天，为何不高高兴兴过一天？更何况，任何工作都有其乐趣，善于发现工作中的乐趣，那才算是高人。正如孔子所云："知之者不如好之者，好之者不如乐之者。"

境由心生。朋友，敬业的最高境界就是快乐地投入工作，从工作中体会快乐。至于怎样做？我也不知道。"各有因缘莫羡仙"，你自己来体味吧。

第四节
执行关：没有执行力，妄谈竞争力

这一关非常难，绝大多数员工都过不了这一关。很多人不缺乏忠诚，不怕担责任，也很敬业，可是，就是执行力很差。欲知原因且看下文详述。

1. 未来企业的竞争，就是比拼执行力

执行，就是执行任务、执行命令。什么是执行力？执行力就是执行任务、贯彻命令、达成目标的能力，它主要包括执行意愿、执行能力以及执行程度三个方面。个人的执行力代表了个人的办事能力，团队的执行力代表了团队整体的战斗力，企业的执行力代表了企业的经营能力。那什么才是执行力强呢？在个人方面，执行力强就是能够按时、按质、按量地完成自己的工作任务；在企业方面，则是指企业能在预定的时间内完成整体战略目标，其中最关键的两点就是完成任务的及时性和完成任务的质量。

我以前给很多企业讲过执行力。老板们也很热衷于培训员工的执行力。最夸张的是一家企业让我讲了四五次，还要求每次不能一样，最后我实在没办法，把辽沈战役里的执行力都讲到了。不过，这也从一个侧面说明了执行力对于企业的重要性。

那么，为什么要加强执行力呢？因为如果执行力不足，那么再恢宏的计划也会以失败告终；如果执行力不强，那么再好的决策也会一而再、再而三地搁置；如果执行力流失，那么企业即便已经做大、做强，也会不断出现问题；如果出现执行力"黑洞"，那么即便付出的比计划的多十倍、百倍，所得的收益也会大打折扣；如果出现执行力危机，那么整个企业就会陷入管理失衡、敷衍塞责的怪圈……

在企业里，战略很重要，但执行力更重要，因为它涉及如何做，以及如何做好的问题。很多员工的执行力太差：你让他发宣传页——发了，不管有没有人看；你让他给客户打电话——打了，客户正在忙就不再打了。

这是典型的为了工作而工作，典型的执行力不够。

什么是执行力？直白些说就是：说了不行，得做！做了还不行，得做好！做出色！做到卓越才叫有执行力！

企业未来的发展，关键就在于执行力！看看几位名人说的关于执行力的话吧。

比尔·盖茨说："在未来十年，我们所面临的挑战，就是执行力！"

前IBM公司总裁路易斯·郭士纳说："一个成功的企业和管理者，必须具备三个基本特征：明确的业务核心，卓越的执行力，优秀的领导力。"

沃尔玛董事长罗伯森·沃尔顿说："沃尔玛能取得今天的成就，执行力起了不可估量的作用。"

中国平安保险股份有限公司董事长马明哲说："核心竞争力就是所谓的执行力，没有执行力，就没有核心竞争力。"

所以，夸张点说，企业的成功，20%来自战略，80%来自对战略的执行！没有执行力，哪来竞争力？

2. 提升执行力的六大法则

执行力就是执行的能力。对个人而言，就是办事能力；对团队而言，就是完成任务的能力；对企业而言，就是将战略完美实施的能力。执行力，就是战斗力，就是竞争力！

近年来，中国的企业飞速发展，但是说到执行力，还有很大的缺陷。

我曾经讲了一个提高执行力的"八步赶蝉"法，它适用于企业，也适用于员工个人。

第一步，明确目标：做什么，谁来做，为什么做，何时做，何地做，怎么做，花费多少钱。

第二步，落实责任：做好岗位职责，制定工作标准，责权利相结合。

第三步，明晰计划：凡事预则立，不预则废，所以要学会制定计划表，学会使用甘特图等。

第四步，顺畅沟通：企业里70%的问题都来源于沟通不力。良好的沟通会带来良好的执行力。

第五步，控制过程：做好日报、周报、月报，定性或定量监督。没有监督，就没有执行力。

第六步，公平考核：不患寡而患不均，科学合理的考核制度能够提升执行力。

第七步，奖罚分明：有奖就有罚，有罚就有奖，当然更要讲究奖罚的力度和艺术。

第八步，不断改进：标准一旦被达到，就要提高。不断改进，不断提高，才能不断进步。

在本书中，我主要讲一下一个合格的员工应该如何从自身出发，提升执行力。

（1）思想改造

思想决定态度，态度决定行为，行为决定结果。我们要想做好一件事情，必须先从思想上进行改造，提升执行力更是如此。首先我们要认识到执行力对于企业的重要性和对于个人的重要性。为什么呢？因为，你若想在企业里脱颖而出，必须用业绩作为支撑。业绩是怎样来的呢？执行力是最起码的保证。天上不会掉馅饼，就算会掉下来，你也得去抢，否则你也吃不上！任何人，只有靠自己努力才会成功，而努力的方向就是提高自己的执行力。

（2）提升能力

我们也想跨栏，可是跨不过去；我们也想扣篮，可是扣不进去。但是，刘翔可以轻而易举地跨栏，姚明可以轻而易举地扣篮。为什么？因为他们有这样的能力。在很多日常工作中，我们做不好，那是因为能力不够，所以我们必须不断提升自己的能力。怎么提升？一个字：学！四个字：勤学苦练！世界上没有天才，只有苦练出来的人才！执行力是靠能力保障的。

（3）定好目标

工作中执行力不强，往往是因为工作目标不清楚。目标不清楚，没有衡量标准，到底做得好不好，就没办法考核评估，执行力自然也就无从衡量了。所以，任何工作都要制定执行目标，用数字说话。

（4）制订计划

很多年轻人不习惯制订计划，因为他们喜欢随性，无论是在生活中还是在工作中。当然，这也是他们做不好工作的原因之一。我一贯提倡制订计划。"凡事预则立，不预则废。"这句话谁都知道，但真正做到很难。为什么有些员工的执行力不强？很多时候就是因为没有详细的计划。我服务过的一些中小企业绝大多数不做计划。我曾经让他们做一份年度的营销计划，结果连公司副总都不太会做。这还怎么保证结果？如何保证目标的达成？

为什么要做计划？就是因为很多员工总是喜欢说，而不习惯于写。只要是写出来，人就会很慎重，很认真。另外，在计划中把工作内容、要达成的目标、完成的时间、负责人都列出来，一目了然，也便于监督检查。所以，正规企业都习惯于做计划，合格的员工也要学会做计划。

（5）监督检查

世界杰出的CEO杰克·韦尔奇曾经说过一句名言："人们不会做你希望他们去做的事情，他们只会去做你要监督检查的事情。"可以这样说，监督检查是执行力的灵魂，没有监督，就没有执行力。对领导来说，执行力就是不断监督检查，关键点一定要重点检查。一旦发现问题，要及时解决，这样就可以确保执行的效率。作为员工，一是要欢迎检查，因为这是帮助自己提高的好办法；二是要进行自我监督检查，自己对照计划检查工作进展情况，以便于及时改进提高。长此以往，执行力自然会越来越强。

（6）不断反思

反思是成功的开始。我们在前文说过反省对一名员工的重要性。反思对执行力的提高同样重要。不断检查，不断发现问题，不断改正问题，工作会越来越好，能力会越来越强，执行力也会越来越强。这个过程，也就是管理学中说的戴明环，即PDCA。

PDCA俗称戴明环，是美国质量大师戴明发明的。这位老先生在美国不太受重视，就去了日本寻求发展。到了日本后，他帮助日本企业进行质量改进，在一定程度上促进了日本经济在战后的飞速发展。"墙内开花墙外香"，美国见状赶紧把他请回国，并授予各种大奖。

具体来说，戴明环指的是：

P：Plan，就是要做计划。

D：Do，就是执行。

C：Check，就是在过程中不断监督检查。

A：Action，就是发现错误及时改正。

PDCA 是一个循环圈，利用它可以不断改进质量。目前，PDCA 不仅用于质量改进，也广泛应用于企业管理的各个领域，比如营销等。

第五节
合作关：团队是你最有力的武器

如果你过了忠诚关、责任关、敬业关和执行关，那你算是一个合格的员工了吗？还不是！为什么呢？如果你不是在企业里，而是单打独斗，那么你已经很不错了。但是，在企业里，所有的一切都必须为企业服务，为团队负责。所以，你还需要过最后一关，也是最难的一关——合作关！为什么是最难的一关？因为很多中国人并不擅长合作！

1. 只要有人的地方，就有合作

合作就是个人与个人、群体与群体之间，为达到共同的目的，彼此相互配合的一种联合行动和方式。

看看一些关于合作的至理名言吧！

人心齐，泰山移。

独脚难行，孤掌难鸣。

三个臭皮匠顶个诸葛亮。

众人拾柴火焰高。

一个篱笆三个桩，一个好汉三个帮。

一个人走得快，但一群人走得远。

团结就是力量。

不管努力的目标是什么，不管干什么，单枪匹马的力量总是有限的。合群永远是一切善良的人的最高需要。

单个人是软弱无力的，就像漂流的鲁滨孙一样。只有同别人在一起，他才能完成许多事业。

凡是经过考验的朋友，就应该把他们紧紧团结在你的周围。

这些名人名言，说明了一个简单的道理：人是群居的动物，社会就是人和人发生各种各样关系的环境。很多年轻人已经步入社会，但总觉得社会太复杂，人心太险恶，所以牢骚满腹，并幻想着逃避。其实这就是不成熟的表现。社会就是这样，到了哪里都这样！只要有人的地方，就有各种各样的关系。所以说，古今中外，一个人若想成功，必须学会合作！人类就是通过不断地合作，才不断地进化！

2. 团队合作，为企业创造最大效益

生活需要合作，在企业里更需要合作。为什么呢？

（1）企业本身就是社会化大生产的产物

企业是什么？企业就是一群人在一起，通过制造产品或提供服务，赚取利润的集合体。尤其是工业化的大生产，几百几千甚至几万人在一起，操作设备，生产产品，工序复杂，工艺先进，产品要求甚高，根本就不是一两个人能够完成的。所以，合作是现代化企业的运转基础。

（2）合作能够提升企业的效率

现如今，很多企业都讲究团队合作，因为合作能够提升企业的效率。

但是，在企业中，很多员工擅长的是互相拆台，互相挖墙脚。这样做的后果，自然是企业效率很低。

我服务过的一家企业，每个部门都不错，员工也不错，可是整个企业效率很低。究其原因，是因为老板过于严厉，处罚太狠，导致大家谁都不敢承担责任，有了问题，首先想到的就是推卸责任。这样的苛政之下，谁还敢合作？后来，我们给员工进行思想教育，让大家展开合作。因为合作才能少出问题，不出问题；不合作，可能大家都有问题。大家想明白了，就开始合作，老板也改变了处罚措施，这家企业越来越好了。

（3）合作是双赢

人类如果不会合作，就不会进步。合作为什么是双赢呢？先讲一个小故事。

一个人积德行善，死后被批准进入天堂。上帝领着他走向天堂。路上突然听见一阵阵惨叫声。他赶紧问："这是什么声音呀？"上帝说："没什么，地狱传来的。"这人好奇地说："那我看看吧。"于是他看到一间大屋子里，一大群人围着一口大锅，大锅里炖着山珍美味。奇怪的是，每个人手里都拿着一个三尺长的大勺子，盛满了美味后，就是送不到嘴里。正是由于吃不到，他们才急得大声惨叫。这人赶紧离开地狱，再往前走。上帝说："天堂到了。"这人一看，一样的场景，一样的大屋子，一样的大锅，炖着同样的山珍美味，同样是一大群人，拿着同样的大勺子，只是大家你喂我一口，我喂你一口，其乐融融。

同样的外部环境，仅仅是因为里面的人换了思维和办事的方法，就从地狱变成了天堂。为什么地狱与天堂不一样呢？那就是地狱中每个人都不知道合作，每个人心里都在想：我凭什么喂你？我喂了你，你不喂我怎么办？人人都这样想，结果就是谁也不跟谁合作，最后，就是谁也吃不上东西。天堂的人是怎么想的呢？我喂你，你不喂我也没什么，我就是吃点亏又能怎么样？我一直喂你，我会感化你，而且即便你不喂我，也总会有人喂我。大家都这样想，结果大家开始合作，这里就成了天堂。

所以，合作是双赢。在工作中，只有合作才能让每个人都获得成功！

3. 要想自达，必先达人

员工如何合作，才能算得上合格呢？

（1）出自真心

再一次提到出自真心就是因为很多人表面说得很好，一到行动上就走样了。我曾经接触过很多管理人员，开会时信誓旦旦，当着老板的面，大喊着：合作、支持、配合，会后则该怎么做还怎么做。

我真的接触过很多这样的人。这就是典型的"假"。也许是我现在改变了，看着这些人真是不顺眼，也许以前的我也是这样。人生最大的痛苦，就是凡事都认为自己对，别人错！怎么办？反省吧！

（2）换位思考

员工们之所以不愿意，不喜欢，或者不能够合作，往往是由于自私，部门则都认为自己最重要。

在一家民企，我曾经目睹了一场争论。技术部的人对生产部的人说："没有我们，哪里有新产品，你们生产什么啊？"生产部的人立马对销售部的人说："我们不生产，你们卖什么啊？"销售部的人则说："没有我们回款，你们上哪里去研发，去生产？想什么呢？！"

第七章　成为合格员工，要"过五关"

很多企业都是这样，部门之间很难谈合作，因为大家都认为自己部门的人最辛苦，自己所在的部门最重要。每个人都认为自己辛苦、努力、挣钱少，凭什么要配合别人？这就是自私的表现。如何解决？换位思考，即要有同理心。我们设身处地想想别人，都不容易，都很重要。我们换位思考别的部门，销售部的人不懂生产，生产部的人不懂财务，财务部的人不懂行政，总之，企业缺了哪个部门都不成。那么，就得互相支持，这就是合作的基础。

（3）利他之心

光换位思考还是不行，还只是停留在简单层面，还只是理解别人，并不是真心实意地帮助别人。我们再次宣扬一下利他思想。俗话说，在家孝父母，何必远烧香？在企业中也同样如此。在企业利他人，何必远烧香？

可是，说着简单，做起来难。难在哪里？难在很多人没有这样的智慧。我们只是看到事物的一个方面，只看到了我们给对方的，没有看到我们收获的；我们只看见我们舍去的，没有看到我们得到的。这是没有智慧的表现。若想成功，必先利他。恰如曾国藩的名言，"预想自达，必先达人！"员工朋友，你明白了吗？

YUANGONGXINFA
HEGEYUANGONGDEXIULIANZHILU **8**

第八章
成为合格员工，要"斩六将"

辛辛苦苦闯过五关，恭喜你，离成功已经不远了！但是，在走向合格员工的道路上，依然有六名敌将需要打败。他们张牙舞爪，阻挡了你的去路！

怎么办？关云长手持青龙偃月刀，胯下千里神驹赤兔马，方才过五关斩六将。那么你要"斩六将"，也要有武器啊！现在赠你六把屠龙宝刀，送你一匹千里马，勇猛地杀向敌将吧！

第一节
用"阳光正面"之刀,斩"负面抱怨"之将

第一个拦住你去路的,就是名为"负面抱怨"的大将。这员"大将"太常见了。每当我进入一家企业,给员工进行培训,甚至在商场、超市等各种公共场所,都会看到很多人双眉紧锁,面带乌云,一副愁苦之相。这样的人应该是经济条件不好的人吧?还真不一定,一些老板也是这样。看来,有的人的愁苦和经济状况无关。

说到抱怨,我记得前些年有一本书叫《不抱怨的世界》,里面提到抱怨只能拖你的后腿。我给一家企业做顾问时,接触过它的很多经销商,开过几次经销商大会。我发现一个现象:越是销量少的小户,越喜欢抱怨。大都是"产品质量不好""交货周期太长""价格太高""商场人流量小",总之是牢骚满腹。那我们就来探讨一下人们为什么容易抱怨吧。

1. 人为什么容易抱怨

什么是正面和负面?这是一个相对的概念。万事万物都是两个面,这和《易经》中的阴阳是一个意思。世界之大,无外乎一阴一阳。"一阴一阳,谓之道也。"那么,任何事物也有正反两个面,这是必然的。

第八章　成为合格员工，要"斩六将"

也就是说，正面和负面一定是同时存在的。而我们到底是用正面的思想，还是负面的思想，其实取决于我们自己，而不是事物本身。所谓"善恶一念之间""天堂和地狱，只差一步距离"，说的都是这个意思。

那么，为什么有的人总是容易看到事物的负面呢？这个问题，其实我也没有资格回答，因为我也经常看到负面的东西。比如对于自己的外表，我就总觉得自己的个子矮，比起别人的高大威猛，我顶多算个"精致"男人。尤其在高个子美女面前，心虚得很。看着学校里的孩子们一个个都那么高，我也是羡慕。穿个内增高鞋，聊以自慰吧！我们都是普通人，普通人就有七情六欲，就有各种不足。我们要都完美了，那我们也就成大人物了。

大人物完美吗？肯定也不完美。拿破仑是十九世纪伟大的军事家、政治家，法兰西第一帝国的缔造者。这样一个伟大人物，据说个子也不高，但这并不影响他的心情。不过，这也说明人是不完美的。

所谓人生不如意者十之八九，说来说去，是人就有缺点，有不足，不是这样，就是那样。那么，到底为什么人们都容易看到或者说是倾向于看到事物的负面呢？这得用到心理学的理论。

人类有几种基本情绪：高兴、愉快、惊奇、悲伤、愤怒、恐惧、轻蔑和羞愧。积极的情绪只有两种，其他都是负面的。所以人本身就容易被负面情绪所支配，就容易看到事物的负面，也容易进入负面的情绪状态。但是，我们发现乐观和经济无关。据说亚洲最穷的国家之一——尼泊尔却是世界上幸福指数最高的地方之一。

那么，我们为什么容易看到事物的负面呢？这恐怕和每个人从小的家庭教育和环境有关。我们成年人很多的负面情绪都是小时候缺少良好的家庭教育造成的。很多人从小缺少爱，这不是说我们的父母不爱我们，而是很多父母不会表达爱。很多人小时候没有学会看事物阳光的一面、正面的一面，因为他们没有受到这方面的引导和教育。比如，有的孩子会说："爸爸妈妈，我们家为什么没有汽车？某某同学的爸爸开着宝马送他上学，我只能坐公交车。"父母会怎样回答呢？

有的家长会说："和人家比什么啊，咱家没钱。"

脾气暴躁的干脆大喝一声："要不你上人家去，咱家就这样！"

好点儿的会说："等你长大了，挣了钱，你也买，你也开啊。"

看看，他们传递的是什么？很多都是负面的思想。

那怎么办？怎么说？说实话，我也不是教育专家，但是我会说："孩子，我们一起努力！我们先买个奥迪！最起码买个捷达。你好好学习，爸爸努力工作！我们一定没问题！"

不要回避，不要发牢骚，抱怨没有用。问题就是问题，我们不需要回避。

正面的就是积极的、阳光的、正向的、好的，反之就是负面的！很多员工长期受到负面情绪影响，时常处于消极状态。有了任何问题，总是找别人的原因，自然也就容易抱怨了。

2. 职场需要正能量：你光明，世界就不黑暗

一般人为什么容易抱怨呢？就是因为上面所说的，看到任何问题都找别人的原因，看到的都是负面的因素，无法改变，那么，只好用抱怨来平衡自己！这是人心理上的一种自我保护。这种方式就像生气了要嚷出来，痛苦了要哭出来一样，是一种自我宣泄，本无可厚非。问题是，过犹不及。一旦形成抱怨的习惯，就会影响自己的身体、生活以及工作。

在企业里，员工更容易抱怨。因为企业就是一个小社会，人与人之间密不可分，总是存在着这样那样的工作关系。既然人多了，那么自然就会有各种事情：谁多干或少干活了，谁拿钱多了或少了，谁升职加薪了，任务压力大了，销售形势不好了，客户太难搞定了……总之，与人打交道，

第八章 成为合格员工，要"斩六将"

就很容易产生抱怨。

既然企业像一个小社会，人与人之间频繁接触，那抱怨就会像病毒一样，很容易传染。一个人抱怨，不算什么，就怕一个团队、一个部门、一个企业弥漫着怨气，那就麻烦了。如果整个企业都弥漫着负面的东西，那么员工怎么会反省自己？怎么会拼搏进取？怎么会提高经营业绩？最终企业只能破产倒闭。所以得把抱怨"隔离"起来啊！

既然负面的情绪对企业杀伤力如此之大，那么，我们就得培养员工正面的思维和做事方式。思维带来思想，思想决定态度，态度决定行为，行为决定后果。所以，正面思维最关键！

什么是正面思维呢？就是正面、阳光的思维。

一个美国姑娘，跟随丈夫来到国外。丈夫是一名军官，要外出训练一个月。妻子独自住在陌生的他乡，条件很艰苦，跟当地人也不熟，她非常寂寞，非常孤独。她想赶紧回美国，于是给父母写了一封信。父母很快回了信，上面只有两行字：两个囚犯在同一所牢房里，透过同一扇窗子，一个人看到了皎洁的月光，另外一个人看到了阴暗的土地。她立刻明白了父母的良苦用心。于是她主动走出去，和当地人交流，教他们的孩子学习英语。当地人对她也很热情，经常给她好吃的。这时候，她觉得这里是那样的美好，她一下子爱上了这片土地。

同样的事情，看你怎么看。同样的环境，可以有不同的心情。这个道理很多人都知道，但是往往很难做到，或者做不好！那么，怎么培养自己的正向思维？很简单，就是凡事看好的一面。我们说过，任何事物，有阴就有阳，有好就有坏，"上帝给你关上一扇门，必然会给你打开一扇窗"，只不过你没有去找那扇窗户而已。

凡事多想好的一面，多说正面的语言，久而久之，正向思维就慢慢培养成了。

3. 不抱怨，多反省

人容易有负面的思想和情绪，也就容易抱怨。衡量一个人能否成功，首先得看这个人在家庭或职场中是否容易抱怨。

我原来就是一个典型的"怨夫"。当初自己被贬到市场部，就开始了三年多的"抱怨之旅"：我抱怨公司不公平，抱怨老板太软弱，抱怨领导打击报复，抱怨同事嫉贤妒能。"新领导不就是PPT做得漂亮吗？""不就是英语比我好吗？"……结果，心情越来越糟，身体越来越差，事业停滞不前。

现在的我，已经真正明白了，抱怨没有任何意义，只会影响自己。抱怨来抱怨去，最后就是恶性循环。怎么办？断掉恶性循环。怎么断？从自身做起，反省自己，改正自己的错误，不抱怨别人！这要感谢《了凡四训》教我学会反省自己，教我改过自新。

抱怨，就是只记着别人的错，不反思自己的错。我们看到，成功的人有很多的优点，不抱怨是他们共同的优点。有了问题先找自己的原因，抱怨别人没有用！有什么好抱怨的？你抱怨社会不公平，你抱怨企业不公平，就是没有看到自己的不努力、不刻苦、不奋斗！成功的人，一定是不抱怨环境的人，更是不抱怨别人的人。

所以，不抱怨的人才能成功！

第八章 成为合格员工,要"斩六将"

第二节
用"积极主动"之刀,斩"消极被动"之将

前文说过,很多员工都有思想疾病——混、耍、拖。这些病的病根就是一个:消极被动。干工作不推不动,推也懒得动。

1. 积极工作,才是合格员工

企业是营利的组织,营利就需要竞争,竞争就需要在市场上拼杀——拼产品,拼质量,拼营销,拼服务,一刻都不能停下来。长城汽车在厂区里放了很多"耻辱碑",就是为了不断提醒员工,企业只是取得了阶段性的成功,没有一劳永逸。正如那句流传千古的名言:生于忧患死于安乐!

然而,在企业里,我们发现太多的被动工作的现象:混日子,得过且过,没有目标,没有追求,效率差;让干什么才干什么,没有主动性;做事不用心、不细心、不专心;老板在的时候抓紧忙活,老板不在时,就变得懒懒散散。

我曾经在某企业参加了一个中高层月报计划会。这家企业的老板平时

员工心法：合格员工的修炼之路

很严厉，他出差了十几天。他一回来就召集员工开会，让大家报月度计划，结果一半的人忘了写。老板气得直哆嗦，每人罚款好几百。我当时真想问问那些月薪上万的管理人员：老板给你这么高的工资，竟然连自己的月计划都忘了写？这合格吗？事后我问过他们，大家都有点羞愧，说了一堆理由，反正是忘了写了。这是什么素质？都说打工心态要不得。可要我说，就算是打工者，积极工作也是起码的要求，也是起码的职业素质。

企业内部有太多消极被动工作的员工。我们常听到员工说这样的话：给多少钱，干多少活，我凭什么做那么多啊？我又不是老板。

这是什么样的思想呢？典型的交易思想，打工心态。这些人是不合格的。为什么呢？因为他们把企业当成了菜市场，给多少钱，干多少活，多一点儿也不干。甚至有些耍小聪明的员工，恨不得想尽一切办法少干活，多拿钱。

松下幸之助问他的一名员工："我给你1000元工资，你干多少事才行呢？"员工说："我当然做1000元工资的事啊。"松下幸之助又说："那我就要开除你。因为公司要产生利润，公司给你1000元工资，你做1000元工资的事情，公司就不会赚钱，就得开除你，你一分钱都得不到。我给你1000元工资，你得做2000元的工作才行！"

这是多么浅显的道理，可惜很多高管都不懂，或者装作不懂。

员工在企业消极被动工作，不仅不能创造利润，还耗费企业的资源。请问，你要是老板，你会养这种闲人吗？

而且，这些消极被动的员工，要的是小聪明，没有大智慧，因为他们目光短浅。我见过太多的业务员，他们很聪明，脑子也转得快，就是不积极主动：上边监督紧一点，就好好干；不然的话，就歇着，喝点小酒，打个小麻将,优哉游哉,挺好。压力大了呢?大了就换地方。结果呢?10年以后,还是业务员。但是,等你到40多岁了,你还能这样混吗?哪一家企业会要40多岁的业务员呢?为此,我曾经在《销售与市场》杂志上发表过一篇文章,题目为《40岁的老业务,你的前途路在何方》,说的就是这些混日子、被动工作的人,他们最后的结果只能是被淘汰。

所以,消极被动工作的员工,都不合格。

2. 主动找寻工作的乐趣

如何才能在工作中做到积极主动呢?

(1) 改造思想

我再一次提到改造思想。要想积极主动地工作,首先要树立积极主动的思想。有积极的思想,就会有积极的态度,也就有了积极的行动。可是,改造思想是最难的,因为思想一旦形成,改变起来很难。但是,如果我们想成为合格员工,就必须迎难而上。

如何树立积极主动的思想呢?还是要像前文所述的那样,树立"善"的思想。我们如果在企业里被动工作,拿钱不干活,少干活,或混日子,自然不会有好的发展前途。即便跳槽离职,也没有哪一家企业会重用这样的人。试想,一个人到了四五十岁还一事无成,经济拮据,是多么悲惨啊!

"少壮不努力,老大徒伤悲",说的就是这个意思。想想吧,朋友,为了自己,是否应该积极主动工作呢?

(2) 调整心态

改造了思想才能调整心态。很多人不积极主动,源自心态消极被动。思想变积极了,心态也得调整过来。很多人之所以心态消极,是因为总看到负面的东西。

我以前的心态真的很消极，说出来的话也都是非常消极的。我依稀记得，我和另外一个同事天天商量着如何混工作，还发明了一个词："积极地混"。其实我当时在那个办公室里年龄最大，工资比那些年轻人高几倍，但也在混，还理直气壮地认为自己有理：谁让你生力公司对不起我呢？这是典型的不知道反省自己。现在想想实在是汗颜啊。别人怎么看我？嘴上不说出来，实际上都很鄙视我：你拿着高工资，不积极工作，混日子还理直气壮，这是典型的"不知羞耻"。

想想那时的我，看看现在的你，奉劝大家不要有了问题就找公司的毛病，就找领导的毛病。先想想自己有没有错误。反省自己，才能调整心态，才能积极地工作。

（3）换位思考

我们刚才说调整心态，怎么调整？就是换位思考。很多时候我们怨气冲天、牢骚满腹，就是因为我们总把问题归结到别人身上，包括公司、老板和领导以及同事，甚至是客户。那么，我们能不能站在他们的角度，站在他们的立场上审视一下我们自己做得好不好呢？换位思考吧，这将有助于你理解别人，理解自己。

你想想，如果你是老板，你会喜欢员工混日子吗？如果你是领导，你会喜欢工作消极、被动等待的下级吗？如果你是同事，你会喜欢和一个挣钱比自己多，干活比自己少，还一天到晚抱怨的人一起工作吗？如果你是客户，你会愿意与一个不推不动的人进行合作吗？

不会，当然不会！

你照一下思想的镜子，就会发现自己有多丑陋！别人积极工作，也是一面镜子，可以照出我们的不足；别人消极被动，混日子，也是一面镜子，我们应该引以为鉴。

（4）反省自我

我们再三强调反省自我的重要性。凡是消极被动的员工，都有这样

第八章 成为合格员工，要"斩六将"

那样的理由和借口来解释自己为何混日子。有的甚至说自己是被逼无奈，一副委屈的样子。想想我当年就是这样。一和同事喝酒，就开始大倒苦水：谁让公司不重用我呢？谁让领导嫉贤妒能呢？我也想好好工作啊，我也想让公司好啊，我也不想混啊，我这样都是他们逼迫的啊，我简直比窦娥还冤。

相信很多人都和那时的我一样。当然，天生混日子的人还是少数，大多数人都属于在工作上不顺心了，就开始混了的情况。其实，扪心自问，公司为什么不重用我呢？领导真的是嫉贤妒能吗？即便是，我有什么样的方法能改变这个现状呢？难道只有混日子被动工作这一个办法吗？肯定不是！

所以，不反省自己，不认错，就是在推卸责任。现在我开始反省自己了，虽然还是有一点点虚伪，但终于开始反省了。知过能改，善莫大焉。读者朋友，你开始反省自己了吗？

（5）有所追求

其实说一千道一万，我们被动工作，害的都是自己。可是，还是有很多员工就是这样，上班混日子，下班打麻将，喝酒，看电视，玩电脑，小日子优哉游哉。比上不足，比下有余，美其名曰：享受生活。稍微加会儿班，就不愿意，就辞职。

我曾经看到过一个报道：有一个公司，要提拔一个年轻人当主管。这不是好事吗？结果这年轻人怕苦怕累，辞职了，拿着攒的钱出国旅游去了，说钱花完了再找工作。还有一个就是前几年更有名的，"世界这么大，我想去看看"。当然，我们尊重任何人的选择，但对于这样的选择，我不支持也不认同。先不说这种生活方式是否特立独行。从某种程度上说，这是一种没有人生的方向，没有想明白人生是怎么回事的表现。我们为什么开篇先说人生和工作，就是这个道理。人生就是要奋斗，奋斗才有乐趣。所以，奉劝大家，尤其是年轻人，人生还是要有理想，有追求，有目标。这样的人生才有乐趣，才有价值。这不是说教，更不是鸡汤，这是出自真心的劝导。

员工朋友们，积极工作吧！

第八章 成为合格员工，要"斩六将"

第三节
用"客观科学"之刀，斩"主观迷信"之将

提到主观迷信，各位可能首先想到看相算命、大仙法术等，这些都是社会上的迷信。在企业里，主观迷信不是这样的。下面我们简要地说一下。

1. 主观迷信只会把企业带入深渊

说到企业里的主观迷信，我暂且简单地给它下一个定义：工作靠经验主义或教条主义，没有从事实出发，做决策全凭"拍脑袋"。下面举个典型的例子。

张总，可口可乐的销售精英，跳槽到一家民企当营销总监——老板三顾茅庐，高薪诚聘。此君到来后，雄心勃勃，拍着胸脯向老板保证，销量一年快速增长，两年翻番。老板大喜过望。张总来了之后按照可口可乐的套路大加改革——组织架构调整，营销模式改造，人员调整，产品革新，大做广告，营业所百分百覆盖，101工程，这些可口可乐的"看家宝贝"陆续上阵。大家对张总都很敬慕，谁敢有一丝一毫的怀疑？结果，一年以后，销量不增反降，下滑严重，成本急剧上涨，大家怨声载道，最后张总也只

能黯然"下课"。

什么是主观迷信?这就是典型的对外企的主观迷信。

还有一位仁兄,自打学习了雪花啤酒的深度分销以后,如获至宝。后来此君跳槽到一家小的矿泉水厂当销售经理,终于可以一显身手了。巧舌如簧地说服了老板后,他便开始进行他的"深度分销"。结果呢?铩羽而归。

主观迷信害了企业,也害了员工自己。《销售与市场》杂志曾经连续几期探讨了一个课题:为什么一线高手到了二线企业,反而失手?大家发表了很多观点,我也参与了讨论。现在看来,原因很多,主观迷信是很重要的原因。主观迷信表现在如下几个方面:

(1)经验主义

经验主义害死人。很多高管到了一家新的企业,面对新的环境,不是去认真研究实际,而是盲目套用以往的工作经验,或者将大企业的那一套东西生搬硬套到新的企业。他们往往认为新企业的设备不行,人员不行,哪哪都不行,于是就开始"削足适履",裁人、挖人,妄图改造这家企业。最后,十有八九以失败告终。

这些高管不顾实际地将大企业的模式套用到中小企业,这种做法本身就违背了客观规律,又怎么可能成功呢?我服务过的几家企业,老板都曾聘用过"空降兵",结果把企业折腾得元气大伤,甚至几年都缓不过劲儿来,这就是经验主义的恶果。

(2)本本主义

很多高管都迷信一两套所谓高深的理论。比如定位,比如深度分销,比如精益管理,等等,尤其是咨询公司的同仁们。这些人每天研究前卫的营销管理理论，遇到老板，谈论起来滔滔不绝。很多老板被唬住了，赶紧把他们请过来，把这些所谓的理论复制到该企业。结果，不适用就削足适履，不行就说企业水平低、员工素质不高，最终还是失败。所以，本本主义注定不会有好结果，导致一般的企业也不敢再请咨询公司了。其实，理论本身没有错。不会用，瞎用乱用，才是错！

（3）"差不多主义"

一般的员工没有所谓的经验主义、本本主义，那他们有什么主义呢？"差不多主义"。很多员工凡事都是"差不多"，不愿意用数据说话，不愿意用文字记录。老板问他任务完成得怎么样，他说差不多。业绩怎么样？他说差不多。工作做了吗？他说差不多。客户怎么样？还行吧……诸如此类。太多的员工不喜欢用数字，只是用"大概、似乎、好像、差不多"等来形容自己的工作。长此以往，很可能害了整个团队、整个部门，甚至是整个企业。没有数字，就是凭着感觉走，岂不是很危险？在企业里，必须使用准确的数字，这样才科学。我这些年做销售的最大心得就是，销售的一切都与数字有关。

2. 不唯书，不唯上，只唯实

我们坚决反对主观迷信，大力提倡客观科学的工作作风。那么，如何做到客观科学呢？

（1）一切从实际出发

在企业里，无论是普通员工，还是中高层领导，很多都不从实际出发，而是从自己的经验出发，从书本出发，甚至从网上的东西出发。这是什么？典型的"迷信"。迷信自己的经验，迷信书本上的理论，迷信流行的东西，迷信所谓的大师，这些做法都是不科学的，也是对企业的不负责任。我们应该怎么办？一切从实际出发。从企业现实出发，从生产实际出发，从营销实际出发,从人本出发;不唯上,不唯西方,不唯理论;不照搬照抄,不迷信经验,不迷信权威;研究实际工作,研究市场,这样才能科学地开展工作。

(2)一切用数字说话

销售就是用数字说话,而数字是算出来的。可实际上,很多员工不喜欢用数据,不习惯用数据,问什么都是"差不多"。我曾经问过一个小姑娘,她负责帮企业发宣传单。我问她:"你发了多少张?"她说:"不清楚。"我说:"你怎么连发了多少张都不知道?"她说:"给了我一摞,我就发呗。"我又问:"多少人拒绝?多少人接受?接受的人中又有多少人喜欢?有多少人留了电话?比例是多少?"这她就更不清楚了。我说:"你要想升职加薪,要想三五年后当主管、当经理,就必须习惯用数字说话。"她听了若有所思。但愿她能够明白,也能够改。

无论你是在生产部,还是在销售部,甚至是行政部、人事部、后勤部,都需要用数字来衡量工作。数字没有偏好,不带感情色彩,是最客观、最公正、最公平的,最能说明问题。所以,学会用数字说话,在工作中融入数字,是成为合格员工的基本条件。

(3)坚决反对本本主义

所谓本本主义,就是完全依赖过去在其他企业的经验,或者将过去工作中的经验生搬硬套到现在从事的工作中,结果可想而知。本本主义和教条主义基本上是一回事,就是一切从书本、理论出发,不从实际出发,思想僵化。这两种都是主观主义,都是从自我出发,不讲客观事实,不讲科学。培训师或者咨询师千万不要盲目套用理论,不要脱离企业的实际情况。用伪理论或者空泛的理论对企业指手画脚,只能把企业带入深渊。

(4)坚决反对"差不多主义"

很多普通员工做什么事都是差不多,我们称他们是"差不多先生"。可是,你知道差不多有多大的危害吗?如果不注重细节,会给企业带来不可估量的危害。

1990年6月10日，英国航空公司5390号航班在飞行途中，驾驶室的一块挡风玻璃突然飞脱，情况十分危险。万幸的是，副机长沉稳地驾驶飞机，最终安全着陆。后来人们查找并分析原因，发现机械师在飞行前27小时更换过挡风玻璃的螺丝。90个螺丝中有84个比标准的螺丝小一点，有6个螺丝比标准的短一点。当时机械师认为这些螺丝"差不多"，用了也没事，结果出了大事。

很多员工也是这样：工作结果不就比标准的差了一点儿吗？结果出了各种问题，比如质量问题、安全问题等。所以，我们坚决反对员工用"差不多"的思想对待工作。

（5）向外资企业学习

我不是个崇洋媚外的人，相反，我是一个坚定的民族主义者。但是，我在外资企业工作了15年。虽说不是在什么大企业，但毕竟接触了很多外企员工，比较了解他们的思维方式。

首先，外企很注重市场调研。我们很多的企业，从老板到员工都不重视调查研究，凡事都是想当然——想当然开发新产品，想当然进行营销，想当然打广告。从来不调查，不看数字，最后的结果就是企业效益下滑。

其次，外企重视做预算。我们的很多私企不做预算。凡事预则立，不预则废。国家那么大，还要做五年计划。我们的企业就更需要做预算了，否则各部门，尤其是财务部门，怎么有效把控企业的各种开支？怎么维持企业的正常运转？

第三，外企都做计划。我曾经为一家企业培训中层干部。培训期间，我让每个中层干部做一个自己所在部门的年度计划和月度计划。结果，只有营销部的人做得还不错，其他人的年度计划和月度计划根本没法看，有的就像一篇日记,而且只写了半张纸。作为一名中层干部,连计划都不会做,合格吗?好意思拿高工资吗?所以,调研、预算、计划,是我推荐给企业和各级员工的法宝。

第四节
用"包容理解"之刀,斩"钩心斗角"之将

很多员工不擅长团队合作,究其原因,就是缺乏包容理解,习惯于钩心斗角。这是一个大家不喜欢的命题,涉及我们每一个人,但我不得不说,望朋友们见谅!

1. 喜欢"窝里斗"

首先这和家庭教育有关。有的家长会说:"害人之心不可有,防人之心不可无。我们不去害人,但我们必须防着别人啊。"这样教育出来的孩子,好点儿的,不去害人但处处提防别人,不懂得包容理解;差一点儿的,就该钩心斗角了。

其次,很多人过于注重功利,这也导致了钩心斗角的发生。在过去的企业里,无论是干部还是员工,待遇都差不多。就算是老总,拿的钱也差不太多。大家心态很平和,钩心斗角的事情就少。可是现在企业里的待遇差距实在是惊人:普通员工月薪两三千,中层年薪十几万,高管年薪几十万,上百万,有的甚至上千万。大家为了多挣钱,就拼命向上爬,结果就出现钩心斗角的局面。就那么几个职位,想得到的人太多,你上去,他

就得下来，我们的员工只好选择斗了。我在开篇说的员工十大思想疾病中有一条叫"斗"，说的就是这个。斗是竞争，这个很正常，但采取不那么光明正大的手段就不正常了。正常的思维是这样的：你好，我通过努力要比你更好。而我们很多人的思维是这样的：你好，我不让你好。

很多人都缺乏宽容理解，大家充满着戾气，在人际交往中自然就不和谐了。

那么，如何改变这种现象呢？首先从改变自己开始——从我做起，从现在做起。宽容，是人的美德，更是合格员工的基础。下面我们详细说说合格员工如何学会宽容理解。

2. 不懂包容理解，就不是合格员工

企业是一个小社会，是社会化大生产的产物。毫不夸张地说，在企业里就是要和人打交道。每个员工，无论他在什么职位，都必须和人打交道。很多大学生进入企业后特别不适应，就是因为他的角色转变不过来。学生在学校不需要过多地和人打交道，上课下课，喜欢就多交流，不喜欢就不交流也没有关系。但在企业里就不一样了，你无法逃避，无法选择。你不能说我不喜欢领导，就不和他交流；我不喜欢客户，就不和他打交道；你更不能说我不愿意搭理谁，就不和他接触。更何况，在学校没有利益纠葛，在企业里就不一样了。业绩好，有奖金提成，能升职加薪；业绩不好，要罚款，要承担责任，你躲都躲不掉。

和人交流，就要有交流的方法。我们前文说了要合作，这是正确的。抱着什么样的心态去和人合作呢？就是包容理解。你要想想，谁打工都不容易。老板容易吗？更不容易。别看他开着宝马、奔驰，风风光光，他的难处你可不知道。所以说，在企业里，无论打工者还是老板，无论哪一个职位上的人，都不容易，都需要互相理解。

第八章 成为合格员工，要"斩六将"

在企业里，我们总能看到不同风格的员工，有斤斤计较的，有小肚鸡肠的，有睚眦必报的，当然也有善于理解别人的。大多数员工宁愿选择这种心态，那就是说，我凭什么理解他？他怎么不理解我呢？这就是没有使用我们上文说的同理心。你不理解别人，别人怎么理解你？什么是双赢呢？是让人家先赢。还记得我们讲的那个天堂和地狱的小故事吗？就是这样，你先包容理解别人，别人自然会回报你，要相信人间自有正道。不懂包容理解，就不是合格的员工。反之，要想合格，必须学会包容理解。见便宜就争的人在企业里肯定不受欢迎。相反，能够包容别人的员工，会受到欢迎，人际关系会更好。

我们已经知道了包容理解的重要性，那么如何做到呢？就三个字：

（1）谦

我们上文说了，谦德是福。一个不理解别人的人，基本是比较自我、比较傲慢的人。还是那句话：水低为海，人低为王。所以要做到包容理解，首先要让自己谦虚起来。别较真、别较劲儿，用虚怀若谷的心态对待每一个人，自然会做到包容。

（2）让

还记得我们小时候读过的孔融让梨的故事吗？这是儒家礼让的典范。其实，我们想一下，孔融是最有智慧的，因为他有礼让的智慧。在企业里，礼让是员工必备的品格。有这样一个小故事：

相传当年宰相张英（他儿子更有名，叫张廷玉）邻家造房占了张家三尺地基，张家人不服，修书一封到京城求宰相张英主持公道。张相爷看完书信回了一封信，写了一首小诗——千里家书只为墙，让他三尺又何妨；万里长城今犹在，不见当年秦始皇。家人收到信后感到十分羞愧，并按相爷之意退让了三尺。邻家人见相爷家人胸怀如此宽阔，亦退让三尺，遂成六尺巷。

这个故事就说明了礼让的重要性。你争我抢，最后到底为了什么呢？不过是一时之短长。何必还要争呢？还是让吧！

大家都是为了工作，有什么过不去的呢？更何况，人生匆匆几十年，有什么想不开的呢？斤斤计较只能让自己和别人都痛苦。让，是美德，更是智慧！

（3）忍

有人可能会问，我谦虚了，我礼让了，可这厮仍然欺负我，那我怎么办？"忍"字心上一把刀，劝你忍一下。讲一个我看过的故事。

一个庙里，有一个老和尚，村里的百姓都很敬重他。有一天，一家人发现自己的女儿未婚先孕了。这在古代可是天大的丑事，家里逼问其男方是谁，这个女孩吞吞吐吐，最后实在没办法了，就说孩子是这个老和尚的。全村的人气坏了，找到这个老和尚，老和尚也承认了。后来孩子生出来了，女孩家里没脸养，就把这个孩子送到了老和尚所在的庙里，老和尚就自己养着。过了好几年，孩子都大了，这个女孩也早嫁了人。后来，她实在受不了良心的谴责，说了实话：这孩子是她和现在的丈夫的，只是当时不敢说。大家惊呆了，赶紧跑到庙里，给老和尚道歉，没想到老和尚只是说："善哉，善哉。"

你看，这是怎样的境界！我们平时受一点点委屈，就大发雷霆，结果事情变得更糟。所以，忍是一种大智慧，是一种人生的境界。最后以这番对话与大家共勉：

寒山问："世人谤我骂我轻我辱我欺我笑我骗我，如何处置？"

拾得云："只要忍他让他耐他敬他不理他，再等几年，你且看有他无他！"

第五节
用"认真仔细"之刀,斩"敷衍了事"之将

在企业里,我们发现很多员工不认真、不仔细,做什么都是敷衍了事。这都是不合格的表现。

1. 敷衍了事就是作恶

工作不认真的危害非常大。戴尔·卡耐基曾经写过一篇文章,阐述了不认真的危害。其中他写道:"世间每年因不认真所造成的生命的死亡、人体的伤害、财产的损失数不胜数。"

现实生活中也确实如此。建筑业不认真,就会出现危楼危房,桥梁坍塌;医疗界不认真,就会出现医疗事故;教学不认真,就会教出来庸才;工人不认真,就会出现残次品;司机不认真,就会出现交通事故……

在这个世界上,到处可以看见工作不认真、不小心、不谨慎所造成的悲剧。芝加哥一位企业家说,芝加哥全市因员工工作不认真而蒙受的损失,每年至少有1亿美元。然而犯这种过失的人往往会说,这些是小事,不值一提。但是,积小成大,积少成多,遗留下来,最终会后患无穷。

2006年，震惊国内外的"欣弗注射液事件"直接造成11人死亡，而导致这起不良事件的主要原因竟然是制药企业的工作人员在进行药品生产时未按批准的工艺参数灭菌。这就降低了灭菌温度、缩短了灭菌时间、增加了灭菌柜装载量，影响了灭菌效果，从而使药品内部产生了细菌，引发了质变，让医治患者的良药变成了害人于无形的毒药。使用了"欣弗"注射液的患者重则死亡，轻则呕吐休克、昏迷不醒。"欣弗事件"让这家成立了30多年的大型制药企业在一夜之间就走到了濒临破产的边缘。

粗心、懒散、草率，将这样的评价送给工作和生活中的失败者毫不为过。在工作中敷衍了事，就是作恶！这不是危言耸听。你在工作中不认真，不仔细，马马虎虎，敷衍了事，就有可能造成不可估量的损失。

2. 变本加厉的"差不多先生"

我摘录了胡适先生写的《差不多先生》中的文字：

……

他常常说："凡事只要差不多，就好了。何必太精明呢？"

他小的时候，他妈叫他去买红糖，他买了白糖回来。他妈骂他，他摇摇头说："红糖白糖不是差不多吗？"

他在学堂的时候，先生问他："直隶省的西边是哪一省？"他说是陕西。先生说："错了。是山西，不是陕西。"他说陕西同山西，不是差不多吗？

有一天，他忽然得了急病，赶快叫家人去请东街的汪大夫。家人急急忙忙地跑去，一时寻不着东街的汪大夫，却把西街的牛医王大夫请来了。差不多先生病在床上，知道寻错了人。但病急了，身上痛苦，心里焦急，等不得了，心里想："好在王大夫同汪大夫也差不多，让他试试看罢。"

于是这位牛医王大夫走近床前，用医牛的法子给差不多先生治病。不上一点钟，差不多先生就一命呜呼了。

差不多先生差不多要死的时候，一口气断断续续地说道："活人同死人也差……差……差不多，……凡事只要……差……差……不多……就……好了，……何……何……必……太……太认真呢？"他说完了这句话，方才绝气了。

他的名誉越传越远，越久越大。无数无数的人都学他的榜样。于是人人都成了一个差不多先生——中国从此就成为一个懒人国了。

看看，近百年之前，胡适老先生就已经发现了这个大问题：我们的国人都是"差不多先生"，不愿意也不善于认真仔细地做事情。百年以来，这个毛病不仅没改，反倒是变本加厉了。老板如此，员工也如此。那我们该怎么办？从我做起，从现在做起。我们每一个员工都做到认真工作，这样我们的企业才能变得更加强大。

3. 认真仔细，打造你的职业名片

在企业里，我们坚决反对"差不多先生"，因为企业存在的价值就是为消费者提供各种产品和服务。如果我们不认真，不仔细，凡事差不多，敷衍了事，就会生产出不合格的产品，提供不合格的服务，那这个企业还怎么生存？所以，一个企业要想在激烈的市场竞争中立足，就必须精益求精，为消费者提供满意的产品或者服务。

合格的产品，来源于合格的企业；合格的企业，来源于合格的员工。而合格的员工，就是认真对待自己的本职工作的员工。如何才能做到认真仔细呢？

（1）思想重视

思想是最重要的东西。思想上不重视，再好的制度，再好的机制，都会有问题。只有发自内心地从思想上重视工作，认同认真工作的价值和意义，认识到不认真工作的危害，才能在行动上重视，在工作中重视。认真的思想，带来认真的态度；认真的态度，带来认真的工作。要知道，认真工作就是积善，敷衍工作就是作恶。

（2）严于律己

严格要求自己，经常反思自己，是认真工作的基础。我发现一个规律：凡是做人认真的员工，做事也是认真的；嘻嘻哈哈、浑浑噩噩对待生活的员工，他对待工作也是不认真的。所以说，任何时候都要严格要求自己。人这一生不是用来享受的，是用来修行的。偶尔的放松没有问题，但天天吃喝玩乐，游戏人生的人，必将被生活抛弃。员工朋友，严格要求自己吧，无论是在生活中还是工作中。

（3）敢于负责

认真负责，这是我们经常说的词汇。如何解释呢？我认为，对待工作，只有负责，才能认真。我在前文讲过责任，负责就是负起责任：学生有学生的责任，就是好好学习，天天向上；员工有员工的责任，就是认真工作，天天向善。无论你是高管、中层，还是普通员工，承担起你的职责，对你的工作敢于负责，这是你做人的本分。敢于负责，才会认真。

（4）活在当下

活在当下说的是过去已然过去，未来还没有到来，只有现在你可以把握。比如，现在的事情就是最重要的事情，现在身边的人就是最重要的人。珍惜今天，活在当下，才会离苦得乐。很多员工朋友觉得现在的工作不合适，要么是待遇不高，要么是人际关系不好，要么是不喜欢这份工作。但是走又走不了，留也留不好。这样的员工最痛苦。如何解脱？活在当下。世界上哪里有最好的工作？很多时候，当下的工作就是最合适的。所以，珍惜当下的工作吧,这样才能认真对待现在的工作。

(5)持之以恒

一个人做一件好事并不难,难的是一辈子做好事,而不做坏事。同样,一个人认真工作并不难,难的是一辈子认真工作。严格要求自己,时时反思自己,坚持就会成为习惯。让认真成为你的职业名片。

第六节
用"利他达人"之刀，斩"自私自利"之将

利他，从字面上解释，就是利于他人，是为了使别人获得方便、获得利益，最关键的是不图回报、自觉自愿地助人为乐。利他，既帮助了别人，也帮助了自己。孔子曰："己欲立而立人，己欲达而达人。"说的就是你想成功，就要先让别人成功，然后你自然也会成功。但是，自私自利的人，就不会有利他行为。

1. 人从本质上是自私的

自私，这个词从人一出生就存在了。绝大多数的人从本质上都是自私的，只有极个别的人是那种敢于舍弃自己的所有，把自己全部奉献出来的人，就像特蕾莎修女。这样的人太少，也正因为少，才显得弥足珍贵。

特蕾莎修女生于南斯拉夫，37岁正式成为修女，1948年远赴印度加尔各答，且于两年后正式成立仁爱传教修女会，竭力服务贫困中的人。1979年获诺贝尔和平奖，1997年9月葬于加尔各答。她创建的组织有4亿多的资产，世界上最有钱的公司都愿意捐款给她；她的组织有7000多名正式成

第八章　成为合格员工，要"斩六将"

员，还有数不清的追随者和义务工作者，分布在全球100多个国家；她认识众多的总统、国王、传媒巨头和企业巨子，并受到他们的敬仰和爱戴……

她住的地方，唯一的电器是一部电话；她穿的衣服，一共只有三套；她只穿凉鞋，没有袜子……她把一切都献给了穷人、病人、孤儿、孤独者、无家可归者和临终者。她从12岁起，直到87岁去世，从来不为自己，只为受苦受难的人活着。

特蕾莎修女把一生都献给了贫苦的人，是当之无愧的"穷人之母"。据说，她是获得诺贝尔和平奖最没有争议的一个人，而她转手就把奖金全都捐了出去。

自私是社会发展和分配的产物。如果就一个人在深山老林里，自然谈不上自私。《孤岛漂流记》里的鲁滨孙，整个海岛的东西都是他的，不管是他喜欢的还是不喜欢的，他都得独自面对，还谈什么自私？但是，一旦进入社会，就会面临分配问题，就会为了得到更多而表现出自私的本质。

自私是人的本性，而利他是人的追求。也就是说，很多人都想着帮助别人，只是在环境的影响下表现出了自私的本性。但是，在一定的条件下，人性的光辉和利他的亮点会显现，比如面对这次的新冠疫情，太多的医务工作者展现了人性的光辉和伟大，在此我要向他们致敬。

环境不一样，善恶的表现就不一样。在企业里，员工更容易表现出自私的一面。甚至很多平时生活中很大方的人，到了企业也变得非常自私。员工为什么容易自私自利呢？原因很简单，就两个字：利益。

企业是一个利益的联合体，员工是企业利益的个体。可是，企业就那么多钱，不可能都给大家，所以必然存在分配问题。我们大多数人的通病是：不患寡而患不均。可是企业恰恰相反：大多数企业是金字塔形的结构，普通员工最多，基层领导、中层干部、高层管理者只占少数，塔尖上自然是老板。那么，分配自然不均。大家不嫉妒老板，谁让企业是人家的呢？

但是员工之间相互嫉妒。例如，王某某能力不咋地，凭什么当经理？李某某啥也不懂，凭什么管我？赵某某和我一个职位，凭什么挣得比我多？

结果呢？人人都只关心自己挣得多少。为了挣得比别人多，每天想的念的就都是自己了，自私自利自然就产生了。

2. 自私，事业失败者的标签

有一种论调，自私的人才能够当领导。这是不是谬论我不敢说，但我认为这有点儿偏颇。你可能会说，老板提拔你，你还让贤，不可能这么高尚吧？确实是。但是，在企业里，我们一定要分清三种"自私"的人。

第一种人，为了自己能够升职加薪，恶意诋毁别人，处处设圈套、使绊子，损害别人的利益。这叫损人利己，是典型的自私自利。

第二种人，为了自己能够升职加薪，努力工作，处处表现自己，但是主观上并没有去损害别人。这就是利己不损人，也是一种自私。但是，是我们允许的自私。

第三种人，为了自己能够升职加薪，努力工作，与领导良性沟通，在工作中团结大家，与同事搞好关系，和其他部门协调配合，最终自己得到老板的器重，其他的同事对此也很认同。这叫利己又利人，是我们提倡的"自私"。

"毫不利己，专门利人"在一些特殊场合可能存在，但在现代化的企业里这么要求员工不免有些苛刻。我们倡导的是，如果不能利他达人，起码要做到利他达己，或者在利己的基础上帮助别人。

我们所要批评和反对的，是第一种人。为了达到自己的目的，不惜损害别人的利益，这就是我们所说的"恶"。谁愿意与这样的人打交道呢？天长日久，他们的道路会越来越窄。

3. 利他达人是职场大智慧

现如今，大家都喜欢谈智慧。什么是智慧？智慧不是小聪明。利他达人才是大智慧。

现在的社会，很多人都在耍小聪明。那么，智慧和聪明的区别是什么呢？对此一百个人有一百种说法。我的理解是，聪明人人都知道，而智慧有时候会被人认为是"傻"，所以，智慧是看不出来的。聪明是世间很多人的法宝，而智慧是可意会不可言传的东西。

利他为什么是智慧呢？因为利他就是舍，就是助人为乐，而有舍必然有得。利他貌似很傻，却是成功者的智慧。

据说有个美国小孩子很傻，有人把1美元和5美元放在他的面前，他只拿走1美元，所以很多人都来试验他。他的父亲晚上教训他："有5美元你不拿，你傻啊？"谁知小孩说："我不傻。我要是拿走5美元，谁还会不断给我送钱来啊？"后来这个小孩成了美国副总统。

利他达人，表面上看是吃亏，实际上是真智慧。你太聪明了，谁都防着你。但是如果你看起来"傻"，人家就会愿意跟你打交道，你的人缘不就越来越好了吗？

所以，利他达人，是真智慧；自私自利，是假聪明！

YUANGONGXINFA
HEGEYUANGONGDEXIULIANZHILU **9**

第九章
合格，是一种责任

> 合格，是一种要求；合格，是一种状态；合格，是一种目标；合格，更是一种责任！
> 为什么？因为有合格的员工，才有合格的企业，才有合格的产品，才有合格的服务，而企业才有资格生存，才有资格发展！
> 合格，才有资格！做合格员工，就是员工的责任！

第一节
企业的责任：凝聚人心，思想是最大的生产力

1. 首席思想官：企业的护航舰

改革开放以来，外资企业纷纷进入中国。于是，很多名词开始风行。比如 CEO——首席执行官；CFO——首席财务官，又称财务总监；CTO——首席技术官，又称技术总监；CMO——首席市场官，又称市场总监……在这里，我建议企业设置另一个 CTO——首席思想官。

那么，首席思想官的职责是什么呢？

建立企业员工思想工作体系；

制订员工思想工作计划；

选拔员工思想培训导师；

与员工进行思想交流；

定期进行员工思想培训；

开展员工思想疏导；

了解及评估员工思想状态；

进行员工思想调研，等等。

第九章　合格，是一种责任

未来的世界，竞争会越来越激烈。中国企业早已度过了初级阶段。什么样的企业能够生存，能够发展？一定是员工和老板思想一致的企业。如何做到思想一致呢？就要有人专门做这件事情，这就需要设置首席思想官。过去，企业不重视员工的思想工作，认为只要给钱就行；现在，光给钱不行了。因为员工的思想越来越复杂，越来越多样化，所以要有人专门做这个工作。

企业里的首席思想官，其实就是"企业政委"。这也不是什么新名词，很多年前就有人提过，只不过没有流行起来，因为那个年代的企业都好经营，员工的招聘和管理也容易。现在不一样了，招人难，留人难，用人更难。在这一点上，著名的华为就起到了很好的榜样作用。华为的新员工入职后，都会有一个"员工导师"，帮助新员工尽快熟悉工作环境，熟悉业务流程，更重要的是，关心员工的思想动态，及时解决员工的思想问题。当然，很多企业也有类似的职位，这都说明了员工思想的重要性，说明了专人负责企业员工思想工作的重要性！

想想战争年代，条件多么艰苦；想想 20 世纪五六十年代，条件多么艰苦。但为什么没有那么多问题呢？

关键的是现在的人思想出了问题！员工的思想出了问题，出了大问题！

怎么办？

谁来管？

企业必须设专人进行员工思想工作。

目前的企业里，一般都由人力资源部来做一些类似的工作，比如员工面谈、交流等。但是，我认为，今后的企业，一定是专业的人做专业的事。人力资源部在员工思想问题上并不专业，所谓的人力资源六大模块也并不包含员工思想。即便包含，它也只是一个分支，并没有被提高到战略的高度，所以我建议中小企业都设置首席思想官。

2. 思想导师，给员工上人生课

即使设置了首席思想官，一个人也应付不了成百上千名员工。试想，一天你能和多少员工谈心啊？所以还要有一定数量的员工思想导师。当然，这些导师可以是兼职的，可以从企业内部选一些有阅历、有爱心、有口才的人来担当。不过，这些人必须接受一定的培训。这些人首先必须成为员工的人生导师。工作是人生的一部分，人生没有清晰的目标、正确的价值观和人生观，工作能做好吗？员工思想导师要从人生入手，帮助员工，开导他们，让他们走正道。能为企业保驾护航，为员工排忧解难，是功德无量的一件事情。

思想，是最大的生产力。员工思想导师，是能够创造价值的角色。帮助企业统一员工思想，与员工成为朋友和伙伴，交流思想，为企业服务，对员工负责，善莫大焉。

3. 员工思想培训：整顿思想，打造冠军团队

企业要定期进行员工思想培训，内容和形式可以多样化，但要紧紧围绕一个中心：统一员工思想。

每个人都有自己的人生追求，都有自己的人生梦想，也都有自己的人生选择。员工的思想，其实就是员工的人生观和价值观在工作和生活上的表现，有什么样的思想，就会有什么样的态度和行为。

很多时候，员工在工作当中的表现和其在生活中的表现紧密相关。员工进入企业，那么，企业和员工就不能仅仅是雇佣关系了，企业还要关心员工的人生，关心他们的生活。人力资源部可以多组织一些活动，以此拉近企业与员工的关系，或者帮助员工规划职业生涯。当然，仅仅这样是不够的。员工能否合格与企业有很大关系。如何尽快让员工合格？设置首席

思想官，安排员工思想导师，多进行一些员工思想培训。

我曾经遇到一个人，他问我："你自称员工思想培训专家，这思想如何能够培训？"我当时一笑，说："员工的思想一样可以培训，一样可以改造。"

我们提倡员工进行反省，改过，积善，谦德，这些是对员工一生都有价值的思想，对他们的生活也大有裨益。他们可能因为这种培训变成好儿女、好父母，他们的家庭会更和谐、更幸福。让每一个员工都更加有素质，对社会做更多贡献，企业就是在做善事。所以，员工思想培训本身就是最大的善事！对家庭有益，对企业有益，对社会有益，对国家有益！

第二节
员工的责任：自我反省，做最合格的员工

我们上一节说到企业要有相应的人员和机制，来保证员工思想工作的落地。但是，我们每一位员工应该怎么做呢？我们的责任是什么呢？就是：自我反省，做合格员工！

我们做不到"每日三省吾身"，但起码要做到"三日一省吾身"。关键不是次数，而是态度！太多的基层员工，甚至中层和高层管理人员，常常抱怨企业，抱怨老板，抱怨同事，这不行那不行，都是别人的原因，都是别人的错，自己永远委屈，永远冤枉，就是不想一想自己的问题。

万事反躬自省，方可提升自我！心念一转，遍眼阳光！员工们为什么不快乐，不幸福？因为没升职？没加薪？其实，根源在于没有进行自我反省！

痛苦，是成长的开始；

反省，是合格的开始！

你到底有没有发自内心检讨自己？你是真的发自内心认为自己做得不够吗？你是真的发自内心觉得自己不够合格吗？你是真的发自内心要改正自己的缺点吗？

反省难，改过难，做个合格的员工更难。但是，难才显得有价值，才

第九章 合格，是一种责任

显得可贵。很多人喜欢把责任推给别人，凡事都找理由，找借口，怨天尤人，工作中不认为自己有问题，认为都是企业的问题，都是别人的问题。我们可曾反躬自省？可曾扪心自问？

我们很多人从来不认为自己不合格，就像我以前一样。现在想想，真是惭愧、无地自容。套用周星驰的名言：

曾经有份很好的工作放在我面前，我没有好好地珍惜。当我失去的时候才后悔莫及，人世间最痛苦的事莫过于此。如果上天能够再给我一次机会，我会对生力公司说：对不起。如果让我加个数量，我希望是一万遍！

但是，一切已成往事。

我相信很多人和我一样，走过迷茫之路。现在，你是否已经走出来了呢？当你能够耐心地看到这里的时候，我相信，你已经开始走向合格之路，走向反省之路，走向成功的人生之路。

我们不仅仅要自我反省、自我改造，我们更要用自己的正能量影响身边的人，改变更多的人。永远说正面的话，做积极的事！

第三节
我们的责任：重塑员工形象，赢得世界尊重

改革开放以来，中国取得了世界瞩目的成就！经济飞速发展，GDP 早已经超过日本，成为世界第二。

但是，我们不能不看到，中国的许多企业还不是很成熟，真正能够在世界立足的非常少。原因是多方面的，其中员工素质整体不高是一个很大的原因。员工不合格，制造出来的产品怎么能够走向世界？

因此，我们的企业，我们整个社会，都要关注员工问题，关注员工的思想问题。

如何让世界尊重中国的企业，尊重中国的员工？

让我们的员工更敬业、更职业、更合格，这样我们的企业才能更强大，更先进，我们的产品才能更有竞争力。世界也才会尊重我们的企业，尊重我们的员工！

未来的中国，是个什么样的国家呢？中国有七八亿员工，他们在很大程度上左右着中国的未来！他们的整体素质决定着中国的素质。所以，我们倡导多对员工进行思想培训，让员工自我进步、自我发展。

我们向员工提出倡议：做新时代的合格员工，一起为实现中华民族的伟大复兴努力，为实现中国梦努力！

后　记

2012年我"裸辞"后，去北京开拓视野，转而做了咨询培训的工作。目前虽然没有取得什么大的成绩，但起码可以自食其力。更重要的是，上天给了我一个良缘。2017年，因为客户的项目，我深度接触了故宫博物院，被中国博大精深的传统文化所深深吸引。

我突然明白，我的理想，或者说使命，就是在未来，把传统文化的精华，和西方先进的管理理念相结合，为更多的职场人士提供思想层面和行为方面的辅导和培训。

这些年由于懒惰，或者说是迫于生活压力，我一直在做营销咨询和策划。员工思想培训计划一直没能实施。2020年的疫情改变了我很多；这几年的学习和感悟，也让我对员工思想理解得更深更透。

我曾为了一个我最在乎的朋友，虔诚地许愿：若愿望达成，将义诊十万人。苦心人天不负，精诚所至金石为开。现在愿望达成了，我必须还愿。我想到的是，我用养生的知识义务为大家提供健康咨询，让人少得病，这绝对是义诊；同时我义务给大家做思想工作，义务做思想培训，这也是义诊。因为思想疾病也是病，而且思想疾病往往会引发身体疾病。

我为什么要放弃思想培训必须赚钱的做法呢？因为做公益，人会更加强大。而一旦功利化，必然受到方方面面的牵绊，必然受到一些影响。因此，我坚持进行思想病义诊！

现在，我再一次感受到使命的召唤。我的未来有了目标和意义，我的生活和工作有了价值和动力。

唯有感恩才能远行。
感谢所有支持我、帮助我的家人、同事、朋友！
感谢所有认识和不认识的员工朋友！

刘强（刘兆阳）